国家出版基金项目
NATIONAL PUBLICATION FOUNDATION

中华吉祥文化丛书

民间信仰卷

刘德龙 主编
李 然 肖之芳 著

泰山出版社 · 济南 ·

图书在版编目（CIP）数据

中华吉祥文化丛书 . 民间信仰卷 / 刘德龙主编 ; 李然 , 肖之芳著 . -- 济南 : 泰山出版社 , 2020.3

ISBN 978-7-5519-0547-3

Ⅰ . ①中… Ⅱ . ①刘… ②李… ③肖… Ⅲ . ①中华文化—通俗读物②信仰—民间文化—中国—通俗读物 Ⅳ . ① K203-49 ② B933-49

中国版本图书馆 CIP 数据核字 (2020) 第 013371 号

ZHONGHUA JIXIANG WENHUA CONGSHU　MINJIAN XINYANG JUAN

中华吉祥文化丛书　民间信仰卷

策　　划　葛玉莹
主　　编　刘德龙
著　　者　李　然　肖之芳
责任编辑　赵　雨
装帧设计　路渊源

出版发行　泰山出版社
　　　　　社　　址　济南市泺源大街2号　邮编　250014
　　　　　电　　话　综　合　部（0531）82023579　82022566
　　　　　　　　　　市场营销部（0531）82025510　82020455
　　　　　网　　址　www.tscbs.com
　　　　　电子信箱　tscbs@sohu.com
印　　刷　东港股份有限公司
开　　本　170 毫米 × 240 毫米　16开
印　　张　13.5
字　　数　240 千字
版　　次　2020 年 3 月第 1 版
印　　次　2020 年 3 月第 1 次印刷
标准书号　ISBN 978-7-5519-0547-3
定　　价　50.00 元

总　序

吉祥，《说文解字》释曰："吉，善也。从士，从口"；"祥，福也。从示，羊声"。此外，吉祥又为梵语，音译作"室利""师利""尸利"，又称为"吉羊"，如吉祥果、吉祥草、吉祥物等，多用于释家。后来，它与中华民族向善向好的美好生活追求相融合，形成了别具特色的中华民族吉祥文化。

吉祥文化在我国影响很大，它深深融入民众生活，不但形成了多姿多彩的吉祥民俗事象，深刻影响着民众的生活、思维、心理、精神，还形成了大量的吉祥语言，丰富了我国各民族的传统文化。

一、吉祥文化的产生

在我国各民族丰富多彩的生产生活实践活动中，在我国历代文化典籍中，都留下了大量的吉祥语言和吉祥事象，成为我国众多民族文化遗产中别具民族特色的一朵奇葩。

吉祥文化是在民众丰富多彩的生产生活中产生、传播和使用的，表达了民众对美好幸福的追求和探索，也体现了民众趋利避害的心理。例如，在农业习俗中，农家以立春作为一年农作的开始，在立春这天，过去有鞭春牛的习俗，现在的习俗则是集体"出行"，放鞭炮，并象征性地刨一刨土，说一套吉利话："一刨金、二刨银、三刨刨了个聚宝盆。"在商业习俗中，开业时往往张贴"金日开业""开门大吉"等吉利语。

我国春秋时期已经有"万寿无疆""天子万寿""南山之寿"等吉祥语的记载。那时的典籍《易经》更被认为是中华吉祥文化集大成者，也是中华吉祥文化的重要源头。它通过测算、预测，再配合某些方法避害趋利。例如关于数字,《易经》中就将其分为吉祥运暗示数、次吉祥运暗示数、凶数运暗示数、首领运暗示数、财富运暗示数、艺能运暗示数、女德运暗示数、女性孤寡运暗示数、孤独运暗示数、刚情运暗示数、温和运暗示数等多种。《易经》认为,“一”最大最吉祥,是“太极”;“三”最佳,象征天地人融洽相处;“八”象征八卦;“五”“九”为九五之尊。“见龙在田”就是吉象,象征有可能遇见贵人,得到重用,走出徒有其志的困境。吉、利、永、贞、元、亨等字,也成为我国吉祥文化中最有典型吉祥意义的表述。

吉祥文化体现的心理和意识,来源于原始信仰。吉祥文化产生于古人对生活的不安全感。先民对大自然带来的一切灾难,对自身疾病、瘟疫和死亡充满迷惑和畏惧,为了寻找精神庇佑,就产生了万物有灵的观念,并且创造了图腾,用以凝聚力量,表达人们避邪求吉的心理,这就是原始信仰。原始信仰后来演化为复杂的民间信仰,形成对观音、财神、土地城隍及家神、自然神等这些臆想的神,以及神话中的人物,或者所谓的精灵等的信仰。古人把这些信仰的对象当成自己贿赂的对象,通过向它们烧香、磕头、许愿,让它们给自己带来利益,完全把崇拜对象看成是自己的保护神。民间信仰与禁忌十分庞杂,包括自然崇拜、动植物崇拜、神灵崇拜、巫术等,也包括民间原始宗教、道教、佛教,以及民间俗信等内容。

人们还赋予动植物以吉祥的象征。如以麒麟为仁兽,认为龙是中华民族的象征,凤为百鸟之王,龟象征尊贵、安闲、长寿。仙鹤、喜鹊、鸳鸯、鸽子、麋鹿、雄狮、猛虎、牛、马、大象、鲤鱼、蝴蝶、蜘蛛等,都被赋予吉祥美好的含义。而花草树木有花有果实,也能够表示吉祥意义,如梅、竹、松、南瓜、长春花、杞菊、槐、红豆、石榴、橘、佛手、芙蓉等。在生肖中,十二生肖都可以构成大量的吉祥用语,表达丰富美好的情感。又如,在端午节,人们把插艾和菖蒲作为节俗的重要内容之一。家家都洒扫庭除,以菖蒲、艾条插于门楣,悬于堂中。还用菖蒲、艾叶、榴花、蒜头、龙船花,制成人形或虎形,称为“艾人”“艾虎”；制成花环、佩饰，妇人争相佩戴，用以驱瘴。

早在几千年前的《诗经》等文学作品中就已经有了许多美好的词语，丰富了我国吉祥文化的审美宝库。它们通过名言警句、优美的篇章、美好的故事，成为吉祥文化重要的载体和重要的创新平台、传播渠道。

明清时期，我国吉祥文化发展到了高峰，突出表现在剪纸、年画、对联、建筑、陶瓷、玉器、菜名以及刺绣、印花、请安祝颂等事象中和社会交际生活的方方面面。

二、吉祥文化的展现

经过几千年中国传统文化的传承与发展，吉祥文化已经非常繁盛。吉祥文化广泛深刻地融入了大众生活，在节庆活动、衣食住行日常生活中，在语言交际、非语言交际过程中，在生产劳动、商贸往来中，在婚丧嫁娶、庆典仪式中，在宗教信仰、精神世界中，都蕴含着大量的吉祥文化因素。徐华龙先生在其《中国吉祥文化》一文中，将吉祥文化分为物体吉祥、行为吉祥、语言吉祥、文字吉祥和数字吉祥等五类。宁业高先生则在其《中国吉祥文化漫谈》一书中将吉祥文化分为语言文字吉祥、祝词贺语吉祥、人名称号吉祥、地舆政域吉祥、天文生物吉祥、时令人事吉祥、衣食住行吉祥等七类。

大量的吉祥语言、吉祥词语，构成了吉祥文化的主要内容。它包括文明礼貌语言、吉利话、誓语、寿福禄语、诫勉语、祈语、问候语、祝贺语、颂词、口彩语、谐音语、委婉语等，是中华民族吉祥文化的主要载体。例如，道光十七年（1837 年）《临清县志》载，旧时下催妆时男家向女家赠一雄鸡，迎亲时，女家将雄鸡配以雌鸡一同送还，俗称“长命鸡”。在给新人铺床时，要撒栗子、枣、花生于床的四周，并且配上一些口彩乞巧话，如“今年吃了栗子枣，明年生个大胖小儿”；娘家在女儿妆盒内也放些麸子、盐，寓贤惠、有福，也寓“福缘”；在送亲途中，队伍前有撒“大吉”帖的，“大吉”帖用四方红纸书一“吉”字，寓吉日良辰。

祭祀是民众生活中的重大活动。在祭品上，讲究三碗菜、三碗水饺，每碗三个水饺，顺“神三鬼四”之说以表示所敬者为“神”；把用榆树枝扎成的挂满纸钱的树状物叫“摇钱树”；烧祭用的纸叫“黄表”“元宝”“金锞子”；香折了忌说“断”，而说“存”。并且在祭奠时每每都有一套讨口彩的顺口溜，如祭灶时，就说“灶君上天，有啥说啥，多加美言，少说闲话”，或说“上天去，您多言好事；下界来，您广降吉祥”。

交际场合，也有很多吉祥事象。例如，宴席必上鱼。以“鱼”谐“余”，表示虽然宴席要结束了，但幸福、快乐没有完结，仍然有余。新人结婚时，亲戚、邻居多赠送红枣、栗子等吉祥之果。在这里用“枣”谐音“早”，用“栗子”谐音“立子”，借此祝福新郎、新娘早生贵子。新娘下轿后，扬烟、栗子、枣、花生于其全身及院落，寓早生子、多子多孙、烟火绵绵；新娘入洞房前要在一个红杌子上坐坐，叫“坐坐性”，寓让其驯服；新娘迈过门槛时，脚要踏糕和筷子，谐音“高”“快”，讨“步步高、快发财、快生子”的口彩。有的新娘进房后，登床走一圈，象征着踩倒婆婆全家，不受夫权管束；新娘坐定床沿，就要吃“宽心面”，也叫“长汤”，谓不想娘家，面条顺滑，寓顺利；然后吃糕，并且故意煮不熟，主持人问新娘“生不生”，新娘一定要回答“生”；新婚之夜要灯烛长明，叫燃“长命灯”，寓意夫妻白头到老。

几乎所有的民间节庆，均有吉祥事象。如山东大部分地区春节必做年糕、枣山、豆腐。鲁中地区还做“团圆饼”，祈求年年高、全家福。鲁东南地区做“合菜”，用粉丝、胡萝卜丝等凉拌而成，红绿相间鲜美可口，象征和睦。元宵节多以灯卜丰歉，灯节时间为正月十四至十六，十四主麦，十五主谷，十六主豆，“正月十五雪打灯，当年有个好收成”。

“中国古典民居是中国古人生活与社会活动及精神世界的展现，是人居和环境和谐统一思想的体现，也是中国古代吉祥文化和各种吉祥物的体现。”[①] 民居通过脊兽、影壁、门枕、墙、门等装饰，巧妙展示了吉祥文化。

房院建设过程中，也有很多吉利话。在选用建房木材时，往往以木材种类名称的谐音讨口彩，如用杏木做门，以求幸福；榆木做梁，以求余粮；松木做叉手，以求长寿。鲁西南地区喜欢用楝木做床，谐音“连子”。在安门窗时，要贴“昨日太公从此过，说是今日好安门”“安门大吉”“安窗大吉”“太公在此”的条幅或横幅。在上梁时要贴“上梁大吉”，以求吉利。梁上拴一红绸，吊一串铜钱，谐“十全”；门两边底石、影壁上刻、画蝙蝠、鹿，或书写“福”“禄”；院内多栽牡丹花、石榴树、槐树，把牡丹花称为“富贵花”，以为“榴开百子”“留子孙”。胶县（今山东省胶州市）有谚“门前一棵槐，不是进宝，就是招财”；滕县（今山东省滕州市）还有吃槐籽的祈子习俗，以求“怀子”。

此外，还有禳解时所用的一套吉利语，有的叫“巧话”，如吃了脏东西，便说“不干不净，吃了没病”；砸碎了器物，便说“旧的不去，新的不来”；钱物受了损失，便说“拿钱买寿，去钱消灾”。有的叫“顺口溜儿”，如杀鸡时，就说“鸡呀鸡，你别怪，你是我的一碗菜；有心不杀你，又怕那客来怪；罢呀罢，还是杀了罢”。有的很长，叫“佛儿”，如老太太抽烟时所唱：“我这个老嬷嬷儿八十八，耳不聋来眼不花，伸手摸起火镰匣儿，吃袋香烟解解乏。大儿做高官，二儿是探花；一对姑娘是灵芝草，一对媳妇是牡丹花。前院里一棵梧桐树，后院里一棵芙蓉花。梧桐树上落凤凰，一辈子一个状元郎，富贵荣华咱是头一家，我念弥陀佛。”

民众还喜欢吉利的数字，如衣扣的数量以单数为吉利，与扣眼合成双；送嫁妆、送粥米的人数喜双，取“成双成对”之意；以三、六、

---

① 陈燕：《浅析中国古典民居中的吉祥文化对旅游的影响》，《乐山师范学院学报》，2011年第26卷第5期，第78页。

九为吉祥数字，特别崇拜“六”，取“六六大顺”之意；又崇拜“八”，对“五一八”“八八八”等数字趋之若鹜；因为“七上八下”的成语，又崇拜“七”，寓意蒸蒸日上。

三、吉祥文化的表达

吉祥文化来自劳动，是在民众的生产劳动、社会生活、与自然和他人交往的过程中被发明创造、不断丰富、传承使用的。

首先，吉祥文化多用象征表意，即借助于一些常见的事物，表示吉祥的含义。例如春节时贴的对联，两句吉语，一方红纸，表示辞旧迎新，祈福增寿，内容多以耕读世家、万象更新、新春欢乐、福寿康宁、春山绿水、五谷丰登、繁荣昌盛为主。还要在床头贴“身体健康”，灯火处贴“小心烛火”，主屋正墙贴“招财进宝”，橱柜上贴“黄金万两”“鱼肉满橱”“衣服满柜”，院墙上贴“吉星高照”，牲畜栏门上贴“六畜兴旺”，车上贴“日行千里”或“牛行虎步，车动雷声”，门口对面墙、树上贴“出门见喜”，其他小件家具上，一律贴“酉”，谐“有”音，寓富有。除夕夜守岁，济宁曲阜一带要在中庭竖一竹竿，上悬灯笼，谓之“天灯”；济南平阴等地，使灯终夜常明，叫“长明灯”；而德州一带则将一捆谷草竖在天井之中点燃，用东西南北中五个方向代表五谷，谷草侧向何方，代表何处谷物来年丰收，叫“照天庭”“照田蚕”；济南长清则在大门外、村外烧蒿草“照天庭”；潍坊昌乐以“掌庭灯”代之；聊城东阿一带则布灯，陈设灯笼或拉出电灯来“照请”，旧时还烧“避瘟月”。这些活动，都具有一定象征意义。全家除夕吃的过年饭，也具有强烈的象征意义：一般主食是用大米和小米一块蒸的“干饭”或者水饺。菜肴讲究必须有鸡，寓“年年大吉”，有鱼，寓“连年有余”，全家人围坐在一桌，喝团圆酒。新年的第一顿水饺也很有讲究，鲁中一带常常包入花生、枣、栗子、钱币、糖块、麸皮等，祈求早得子、多子多福、人丁兴旺、生活甜蜜、发大财。煮水饺破时，不说“碎”“烂”“破”，而说“挣了”“挣了不少”，有时还故意弄碎几个，以讨口彩。

其次，谐音成趣。甲乙两个词语，甲词语的语音形式与乙词语的语音形式相同或相近，而乙词语又具有吉祥、文雅的意义内容，人们便以两词语语音相同为条件故意造成谐音双关,使两词的意义相沟通，以此喻彼,以求吉利。在此基础上形成某种风俗习惯,有的叫“意头”，有的叫“口彩”。民间春节贴福字，“福”以倒贴为好，讨“福到了”的口彩。为了强调谐音含义，民间还附会了许多故事。例如，贴福字据说是为了躲避姜子牙的老婆“穷神”，倒贴“福”字据说是马皇后为了避免朱元璋乱杀人。传说朱元璋让家家门上都贴“福”字，其中有户人家不识字，竟把“福”字贴倒了。第二天，皇帝上街查看，发现这家把“福”字贴倒了，大怒，命令御林军将这家人抓起来，满门抄斩。马皇后忙对朱元璋说：“这家人知道您今日来访，故意把福字贴倒的，这不是‘福到’的意思吗？”皇帝一听有道理，便下令放人。从此人们便将福字倒贴，一求吉利，二为纪念马皇后。在生育习俗方面，曲阜旧时习俗，女子婚后三年不生者，元宵夜到街上偷灯吃，一般偷刘姓（“刘”谐音“留”,寓意留住孩子）和戴姓（“戴”谐音“带”，寓意怀上孩子）的，民谣曰：“偷刘家的灯，当年吃了当年生；有了女孩叫灯哥，有了男孩叫灯成。”牟平、乳山、文登等地“剩”谐音“圣”，当地群众过春节蒸大饽饽临结束时，总要用剩下的几块小面团（有时干脆就是提前预备下的）捏几条头似龙或蛇、身上有刺的所谓“剩虫”。民间认为，有一种能使衣食剩余的神虫，老百姓用节日剩下的面团蒸“剩虫”，将它放在粮仓、囤子及衣橱里，祈求它会带来五谷丰登、衣食有余的好生活。此以“剩”寓“圣”,跟以“鱼”寓“余”有异曲同工之妙。“剩（圣）虫”是一个较常用的方言词。民间比喻某种东西长时间吃不完、用不完或者取不完，便会说“出来剩虫”了。这一带准备过门或过门不久的新媳妇，最希望穿上婆婆给她做的新棉裤，认为穿上婆家的棉裤，以后的新生活将会粮米成仓成库，吃穿不愁，家业兴旺。而婆婆常乐于满足儿媳这一不高的要求。其实，棉裤事小，讨个吉利事大。以“裤”谐“库”，取其寄托之义。

同样的，甲乙两词语音相同，而乙词语的内容与死亡、灾难等不吉利的意思有关，民间便采取某种方式加以避讳。避讳也是为了吉祥。古时候的渔民在渔业生产中缺乏安全保障，遇风浪造成翻船、死人的事情常有发生。久而久之，渔民们便形成一些求平安、保康宁、图吉利的迷信习俗。为了避开“翻船”的“翻”，甚至也避开与“翻”字相同的音，就称翻身为“划身儿”“划个儿”，称“帆”为“篷”，称“帆船”为“篷船”。为避开“完了”“了了”的说法，打完一船鱼叫“满了”，把酒喝完叫“把酒满出来”，如此等等。每到过年之时，胶东一带就要蒸一种很大的馒头，叫作“大饽饽”。蒸的时候，由于火势很猛，常常使大饽饽裂开口子，当地人叫“笑了”，从不说“裂口子”。笑是人的动作，当地人赋予饽饽“笑”的动作，更增加了喜庆色彩。

再次，还用冠以喜庆吉祥的字、词去称代、比喻事物。如用“喜”冠以生育词语，求子叫“拴喜”，怀孕叫“有喜”“害喜”，生孩子叫“添喜”，并到娘家“报喜”，备“喜蛋”。小孩出生后直到成年之前，又以红色庇佑其无病无灾，健康生长，如戴红肚巾、扎红腰带、钉红衣领子；每年端午节，用红布缝小鸡在帽子或衣袖上，再串上辣椒种，取名“鸡餐豆”，以祈不生水痘。传统的风筝多用人物、走兽、花鸟、器物等形象，或者民间喜闻乐见的神话故事，寓意福寿双全、连年有余、四季平安。

此外，还直接使用唱词，用表演性质的语言，表达吉祥的含义，有的叫“佛歌”，有的叫“巧话”。例如，大年初一敬天地，就有相关的吉祥歌词，供人们念叨：“大年初一天气寒，多拜老天一整年。金香炉，银供桌，两把烧香往上搓。五个供，五个馍，五碗干菜随和着，满堂儿女把头磕。”泰安则有上供歌：“大年五更地里寒，灶王老天整一年，金香炉，玉石桌，五碗供，三盘馍，五碗扁食往上托。先烧元宝后烧纸，大男小女把头磕，南无阿弥陀佛。”

最后，使用禁忌进行禁限，也是吉祥文化的一种表现方式。对于出行，从“父母在，不远游”，到“老不上北，少不上南”“老不入川，少不游广”，就是一种禁忌。旧时人出行忌“黑道日”，即每月的初五、十五、二十五不利出行；而“杨公忌”之日更是禁忌出门，即正月十三、二月十一、三月初九、四月初七、五月初五、六月初三、七月初一、七月二十九、八月二十七、九月二十五、十月二十三、十一月二十一、十二月十九，这些日子忌出行。时至今日，“三六九，向外走；二五八，赶回家”仍是大众的普遍习惯。

四、吉祥文化的传承

几千年来，中华传统吉祥文化随着中华民族优秀传统文化的传承创新，一直展现着鲜活的生命力，展现着我们民族的文化心理、文化渊源、情感方式，展现着伟大中华民族追求幸福、平安的美好愿望。

吉祥文化的传承是全面的。生产生活中节庆、交际、商贸、婚嫁以及姓名等各类吉祥文化都在继承中发展，在传承中创新。

姓名。不只是一个符号，在很大程度上，姓名代表的是父辈对后代的希冀。以前有的人家都会花钱请算命先生测孩子的生辰八字，通过五行（即金、木、水、火、土）的旺衰，预测未来喜忌，再用与五行相应的字命名。

年画。年画、剪纸等民间艺术，传承着吉祥文化。年画是喜庆、吉祥之物，能给新年带来好兆头；剪纸、红灯笼、鞭炮、窗花、福字，现在仍然是过春节的标志，烘托着喜气洋洋的节庆氛围。

中国结。一根线绳缠来绕去，环环相扣呈“八”字形，就叫“八结”，又叫“八吉”，原本是佛教法物的“八吉祥”之一，后成为民众喜欢的挂饰。

纪念币。通过经艺术设计的寿桃、蝙蝠、南瓜、藤蔓、莲花、鲤鱼、鸳鸯、并蒂莲等纹饰、图案、符号，再用借喻、比拟、双关、谐音、象征等手法，以此表现中国人的生命意识、审美情趣和民族性格。中国人民银行发行的2015年吉祥文化金银纪念币一套8枚，其中金币4枚，银币4枚。该套吉祥文化金银纪念币分别表现“五福拱寿”“瓜瓞绵绵”“年年有余”“并蒂同心”四大中华传统吉祥文化，为纪念币增添了一抹浓浓的吉祥色彩。

商标。商标是生产者在其商品或者经营标记上，由文字、图形或两者组合构成的，用于区别商品或者服务来源，具有显著特征的标志。借鉴传统吉祥文化，充分体现民族文化价值和意义的设计理念，用吉祥图案的“形”“意”“色”在商标中的创新再现，实现了形式美、形象美、意味美。①

吉祥物。南京举办的中国第十届全运会的吉祥物“金麟”，既是古都“金陵”的谐音，同时也是传统吉祥物麒麟。2008年北京奥运会的会徽采用的是中国印，使用了吉祥色中国红。而2008年奥运会的吉祥物福娃系列更是传统吉祥符号的生动体现。

为了系统展现和传播中华吉祥文化，我们民俗学会的几位同仁从十年前便召开了一系列的吉祥文化研讨会，例如枣庄石榴与吉祥文化研讨会、聊城葫芦与吉祥文化研讨会，开始酝酿研究各类吉祥文化事象，提出了大约十几个选题，准备出版一套有关吉祥文化研究与普及的小丛书，并开始撰写各个选题的初稿。由于同仁工作变动等原因，原定的十几个选题，至今只陆续完成了九部，分别为语言卷、文字卷、服饰卷、饮食卷、商贸卷、民间艺术卷、民间信仰卷、动物卷、人生礼仪卷。

由于吉祥文化研究的融合度大，学术的边际范畴划分模糊，广义

① 参见陈苹：《论中国吉祥文化在商标设计中的运用与创新》，硕士学位论文，苏州大学，2007。

概念很大，狭义概念难以明确，所以，在写作过程中，我们确定了一些原则，首先，必须是吉祥事象、吉祥含义、吉祥语言，不论是哪一卷，所描述、叙写、论述的内容，必须具有吉祥的意义，以示与其他文化的区别。其次，对于相同的吉祥文化载体，按照各卷角度的不同，进行叙述和描写，各卷之间相互独立，单独成书。

还有一点需要说明：在语言风格、叙述描写、论述评价等方面，我们没有强求一致，体例上只划分了一级、二级标题，制订了一些写作规范要求，以便于各位作者能够呈现出各自的风采。

习近平总书记提出了“文化自信”这个宏大而坚定的命题，这给中华优秀传统文化研究和普及带来了又一个春天。泰山出版社高度重视这个选题，积极组织、多次协调，保证了这套书的出版。各位作者对原稿又加大了修改力度，最终使书稿定型为现在的这个样子。张廷兴、王加华两位教授统筹书稿，反复审阅，付出了心血。在此，我作为主编，对他们表示真诚的感谢。盼望本丛书能给读者带来对中华吉祥文化较为系统和感性的认知，一起弘扬中华民族的优秀传统文化。

是为序。

刘德龙

2018年5月30日

目　录

前　言

中国传统文化正如一条绵延千万里的长河，毋庸置疑，这条历史的文化长河是由无数条支流汇聚而成的。其中，吉祥文化，作为一脉凝结着中国人的人伦情感、生命意识、审美趣味和信仰情怀的重要支流，为我们的传统文化长河提供了源源不断的“流水”。

中国人对吉祥的追求与信奉炽热而又真诚，由此创造出的吉祥文化同样是博大精深，源远流长。从表现形式、展示手段来看，吉祥文化可谓丰富多彩；就其运用的范围来说，更是遍及生活的方方面面，渗透到生活的点点滴滴。吉祥文化的核心是人们对于美好生活的追求与创造，其主要目的是为了帮助人们更好地生活。那么，由古至今，到底是什么样的心理状态支撑着人们对于吉祥的持续而长久的追求？人们又是通过什么样的手段或途径来达到获得吉祥的目的呢？

众所周知，吉祥作为人生的追求绝非轻易可得，尤其是在生产力水平、科技水平有限的古代。但是，古人对于生活的不安定感、对于生存的不安全感，恰恰唤起了人们追求美好幸福、渴望万事顺遂、祈盼吉祥平安的强烈意识。

远古时代，人们对于天地万物的崇拜与信仰，实质就是人们在面对难以预料的前途命运、不可捉摸的社会环境、无法控制的自然条件时，对于幸福、安宁的渴望。所谓民间信仰，就是传统中国乡村社会中民众所信奉的各种对象以及对其的祭祀活动。从这个角度来说，吉祥与民间信仰本来就是一体两面。吉祥是民间信仰的内核，民间信仰则是求取吉祥的手段和途径。没有对吉祥的追求，信仰难以成为信仰；没有信仰仪式和活动，吉祥也无从获取。吉祥既是信仰的出发点，也是信仰的落脚点，两者互为因果，难以分割。应该说，几经历史的沉淀，那一系列以追求吉祥为目的的心理及活动构成了纷繁多彩的吉祥文化，与之相辅相成的则是形式不一的民间信仰活动。而且，人作为万物之灵长、社会之产物，与其他生物有着巨大的区别。即使在恶劣的生存条件下，人也一直努力掌控着自己的命运，规划着自己的未来，从未放弃。一方面，人的自身发展造就了这种需求，特别是当人的社会化程度越来越高、人与人之间的交流越来越广、思考认知能力越来越强时，人们对美好的辨识能力、对福善的追求，也就会越来越强烈，越来越具体；另一方面，人也确实具有改变自己生活状态的能力，尤其是随着人类生存能力的日益增强、生产力水平的不断提高，其生存条件、生活状态也随之日趋改善。所有这些，都进一步坚定了人们追求吉祥的信心。这种带着信心的努力既体现在现实中，也体现在人们的精神信仰领域中。

认识了民间信仰与吉祥文化之间的密切关系之后，我们再来审视和梳理一下关于民间信仰的认知。通常情况下，民间信仰的分类大都以信仰对象为标尺，如包括天体、土地、灵物在内的自然崇拜，包括动物图腾、植物图腾在内的图腾崇拜，包括人神、鬼神、祖先在内的神灵崇拜等。这种划分固然条目清晰、优势明显，但由于民间信仰纷繁复杂，加之各种信仰对象五花八门、千奇百怪，确实也很难准确地划分类别，疏漏与偏颇在所难免。基于上述理解，我们可以试着从另一种角度对民间信仰进行分类，即以民间信仰的信仰者类型及其活动展开的层次为标准，辅之以相应的信仰对象进行划分。通过这样一个角度，不仅可以看到每一种民间信仰对象的主要功能，也能够了解信仰者在信仰活动中的具体吉祥愿景，还能够比较明确地理解不同类型的信仰者和不同层次的信仰活动的相似与差异。

具体说来，在现实社会生活中，不同阶层、不同地位、不同文化、不同身份的人，对于人生幸福、吉祥如意的追求点各有侧重。例如，对一个普通人来说，他的吉祥愿景可能包括身体健康、事业有成、家财万贯；对一个家族来说，所谓的吉祥则涵盖了人丁兴旺、夫妻和谐、家族团结；对于一个城市或一个乡村来说，地方安宁、百姓乐业就是吉祥；而对于整个国家和社会来说，繁荣昌盛、国泰民安可以说是历朝历代统治者的最高愿景。因此，对应着各个层面的吉祥追求，信仰活动呈现出五彩缤纷的面貌，同时也隐含着清晰的逻辑关系，这也许就是吉祥文化与民间信仰在生活的、历史的长河里生生不息的缘故吧。

第一章　国家体制中的吉祥信仰

国泰民安是上至国家最高统治者，下至黎民百姓共同的祈愿。“国泰民安”一词出自宋代吴自牧的《梦粱录》，其文曰：“每岁海潮大溢，冲激州城，春秋醮祭，诏命学士院撰青词以祈国泰民安。”[1]客观上来看，国泰、民安二者既互为因果，又相辅相成，国家康泰了民众自然也就安宁，民众安宁了国家也会康泰。就国家而言，追求国家康泰的措施有很多，所谓治国理政即是其中最重要的措施，也是最为实际、确有成效的措施。当然，因为众所周知的因素，在旧时的社会和自然条件下，追求国家康泰当然少不了借助神灵的力量。于是，诸多祈愿国家吉祥的信仰和习俗便相继产生。因为这些饱含吉祥追求的信仰与习俗主要是针对国家层面，因此无论从内涵到形式都显得更为丰富和系统。

这其中最为突出的当数祥瑞信仰和各种祭祀大典。

祥瑞，又称“福瑞”，指的是吉祥的征兆，古人认为祥瑞是一些可以表达天意的、对人有益的自然现象。历代的史书中，往往辟有专门的《符瑞志》，来详细记录各地出现的种种祥瑞。能预示国家吉祥征兆的祥瑞大都非平凡之物。这些祥瑞可以是让人仰视的瑞星祥云，它们远在天空，充满了神秘色彩，而且变幻莫测，无论是星辰的亮度、阵形，还是云彩的形态、色彩，都带给人们巨大的想象空间，很容易与现实生活结合在一起，让人信服。作为祥瑞的也可以是让人敬畏的龙凤麒麟，它们是人们本着美好的愿望无中生有创造而成的，无论其形象还是传说都广为传播，深入人心。它们原本就是吉祥的化身、美好的象征，以它们作为祥瑞求福祈愿，自然是应有之义。可以说，它

① 吴自牧：《梦粱录》，浙江人民出版社，1984，第124页。

们就是为信仰和吉祥而生的。作为祥瑞的还可以是与人息息相关的植物，它们与人同生共存，为人类提供食物和生活材料，也是人类的必需品。更为关键的是，它们纷繁多姿，生长变化多样，让人目不暇接，也难以完全理解和认识。以这些植物的奇异变化作为征兆，同样可以得到广泛认同。当然，作为祥瑞的也可以是人们甘之如饴的甘露醴泉，它们是天赐的优质饮品，也是为庄稼助长、为农业助力的营养品。它们一向有着“可兆丰年”的美誉。至于那些人类生活中稀有的钟鼎神器也是可以作为祥瑞存在的。由于天生具有凛然之气，它们的用途甚为神圣，所用的场合极为庄重。

除了作为吉祥征兆的祥瑞之外，用于祈愿国家康泰的还有各种仪式。特别是国家层面，每年都会举行专门仪式向大地山川祈福，向历代先王求佑，向苍天神灵求助，保佑人间丰衣足食、国家安康祥和。所有这些，都是自上而下虔诚以待、衷心以对的各种吉祥追求。

一、各种各样的吉祥征兆——祥瑞

在中国民间信仰中，人们非常虔诚地信奉“征兆预示”，并认真地赋予各种征兆一些说法，常见的征兆有喜兆、凶兆之分。如灵鹊报喜、火笑客至、灯花兆喜等就是“喜兆”；而乌鸦叫祸、猫头鹰叫丧、狗哭兆灾等就是“凶兆”。“征兆预示”在人们心中的地位不容置疑，普通百姓、帝王将相对此都抱有“宁可信其有，不可信其无”的心态。显然，此类民间信仰表达了人们对于吉祥的期盼。在古代中国，历来是家国合一，国即是家，家即是国。孔子曾称统治者为“有国有家者”。由此可见，古代的国家是有形的，就如同一个庞大的家族。作为个体的人，有着属于自己的吉祥追求，而作为国家的代表，君王常常将自己的追求作为整个国家的终极理想。一般来说，君王的理想就是希望江山永固、世代安康。于是，那些预示着天下太平、百姓安康、君主有德的祥瑞征兆就必然为君主所崇尚，成为最高的吉祥信仰追求。

作为文化现象且拥有悠久历史的祥瑞崇拜，寄托着人们对美好与幸福的期盼与向往。祥瑞崇拜凭借其特有的文化蕴意和内涵，在国家治理和政治生活中发挥了不小的作用，已然成为国家层面的吉祥追求不可或缺的组成部分。

从现象到理论，这是一个必需的也是质的飞跃，唯其如此，现象才会经久不衰，祥瑞征兆或者说祥瑞崇拜也不例外。最初，人们将异常的天象、物候等视为好的或坏的征兆，不过是口口相传，约定俗成，而没有上升到理论层面。星移斗转，汉代大儒董仲舒对祥瑞进行了理论性的阐释和理解，特别是将它的功能和作用，阐释为上苍对君主的一种褒奖或表彰，而且这种褒奖或表彰都直接对应或关联着君主当下的一种行为举措或是一项政策制度，具有极强的可信度和感染力。有了理论指导，相应地也有了专门的办事机构，即观测和解释这些现象的机构与官职，如唐代的礼部郎中、员外郎就是掌管图书和祥瑞呈报的官员，他们的主要职责就是管理这一类的事项。另外，《符瑞志》也作为专项出现在历代官修的史书中。祥瑞成为为国家政治服务的重要工具，为社会的各个阶层描绘着有关国泰民安的绚丽画卷：每一种动物、植物、星云、甘泉……都承载着统治者的吉祥愿景。

添丁报喜图

中国古代祥瑞的种类繁多，其中最具代表性的多为自然界中的景与物。在古代中国人的观念中，那些星云、动物、植物，还有很多特殊的器物都是有灵的。这种万物有灵的观念是与远古时代人们的认知水平及生产力发展水平相一致的。人类最初产生自觉意识后，相应地将支配自己生活生产的各种自然力和自然物人格化，甚至把它们变成凌驾于自然之上的神灵，对其顶礼膜拜，这种方式被称为自然崇拜。天象崇拜、动物崇拜、植物崇拜等都是自然崇拜的重要内容。例如动物崇拜，就是以动物为崇拜对象，将各种飞禽走兽视为有灵之物。比如狐狸，其毛皮珍贵，是非常重要的毛皮来源。在与狐狸打交道的过程中，人们观察到其生性多疑，而且死后一般头会朝向它生活过的山丘。因此，它成为古人眼里一种比较灵异的野兽，并被赋予一些奇异的特性：有灵气，能预示人世间的吉凶——所谓“太平则出而为瑞”；有妖气，“音如婴儿，能食人”;有仙气，“音如榴榴，可以御凶”，甚至“乘之寿二千岁”[①]。因此在唐代时，百姓都信仰狐神，甚至还有“无狐魅，不成村”[②]的说法。因此，汉代视九尾狐、白狐为吉祥的征兆，统治者更是对其钟爱有加。

祥瑞的总体寓意都表现为对吉祥的获取，但具体来说，每种祥瑞又有其各自的吉祥寓意。根据史书的记载，我们可以将祥瑞分为几个类别：

（一）瑞星与祥云

中国古代的天文学家习惯上把寓意吉祥的星辰称为瑞星。瑞星主要有四种，分别是景星、周伯星、含誉和格泽。拿景星来说，史书记载它的形状：“状如半月，生于晦朔，助月为明。”景星每月初一、十五出现，《史记·天官书》云：“天精而见景星，景星者，德星也。其状无常，常出于有道之国。”[③]也就是说，景星不仅光芒耀眼，闪亮星空，而且还是国家有道的象征，因此也被叫作德星。

除了夜晚的星星，白天的云朵也有吉祥寓意。在人们心目中，代表吉祥的云被称为祥云。不是所有的云朵都可被称为祥云，它必须具有特殊的形态与色彩。一般认为，祥云即所谓的五色云，似云非

---

① 韩广峰：《山海经易读》，上海古籍出版社，2015，第238页。
② 彭定求等：《全唐诗》第877卷第034首，上海古籍出版社，1986。
③ 司马迁：《史记》，中华书局，1982，第1336页。

祥云剪纸

云，似烟非烟，五彩斑斓，又有人称其为庆云、卿云、景云等。《后汉书·蔡邕烈传》中说“连光芒于白日，属炎气于景云”[①]。这种五彩斑斓的云彩，炫目之余，更多的是给有德之君带来喜气，是国家太平的象征。“若烟非烟，若云非云，郁郁纷纷，萧索轮囷，是谓庆云，喜气也。”[②]人们喜爱这种绚烂美丽的吉祥之云，因为它昭示了人间有德高之圣人，故而《孝经援神契》有云：“德至山陵则祥云出，德至深泉则黄龙见。”[③]即帝王的德行高深到一定程度，则会出现祥云和黄龙。

这些天文祥瑞一般用于象征帝王的德行和身份。古代的帝王以“天子”自居，在科学不昌明的远古时代，取代表天意的祥瑞来神化他们的诞生过程很容易达成目的，是帝王们习惯使用的“伎俩”。传说黄帝出生时“有景云之瑞，有赤方气与青方气相连。赤方中有两星，青方中有一星，凡三星，皆黄色，以天清明时见于摄提，名曰景星”。《宋书·符瑞志》中还记载了光武帝刘秀出生时的异常天象：

> 哀帝建平元年十二月甲子夜，光武将产，乃开而居之。时有赤光，室中尽明，皇考异焉。使卜者王长卜之。长辟左右曰：“此善事，不可言。”……（刘秀）初起

① 范晔：《后汉书》，太白文艺出版社，2006，第 437 页。
② 班固：《汉书》，中华书局，2007，第 208 页。
③ 孙瑴辑：《孝经援神契》，民国刻三卷本。

兵，望见家南有火光，以为人持火，呼之而光遂盛，赫然上属天，有顷不见。

据《三国志·曹丕传》记载，魏文帝曹丕出生的时候，整整一天都有如车盖般大小的青色祥云覆盖其上。看到的人都认为是“至贵之证，非人臣之气”。奇异的天象成为神化帝王夯实了其统治的合理性的有效手段。

瑞星祥云之外，日月合璧、五星连珠等也是极富有吉祥含义的上等祥瑞。所谓日月合璧，是指日月同时上升，一般出现于阴历的朔日。

五星连珠示意图

五星连珠，也叫“五星聚”，指用以表示水、金、火、木、土的五颗行星同时出现在天空同一方的现象。据说汉武帝在发动对匈奴的最后一次远征时，碰到了数百年才出现一次的“五星连珠”的天相，于是写下了“五星出东方利中国”的朱批，借此发布了战争的总动员，并取得了最终胜利。

（二）龙、凤、麒麟

在这个世界上，可以在自然界中纵横驰骋的除了作为万物灵长的人，还有那些或凶猛或可爱的动物。为人类生活做贡献的家畜、拥有各种独特本领的野生动物，都通过直接或间接的方式，影响着人们的生活。人类重视它们，却难以完全了解它们，因而很容易产生对动物的信仰与崇拜。在中国古代作为祥瑞的动物数量很多，但最具灵性的还是那些传说中的动物，如凤凰，是百鸟的集合体，有人认为它体现的是远古人类以鸟为图腾的崇拜特色。古书记载凤凰“状如鸡，五采而文，名曰凤皇首文曰德，翼文曰义，背文曰礼，膺文曰仁，腹文曰信。是鸟也，饮食自然，自歌自舞”①。这种鸟以其花纹象征着人类“仁、义、礼、信”的道德，因而极其高贵。凤凰并不时常出现，据说只有在帝王拥有极高的德行时才会出现。凤凰的出现预示着大吉大利，《淮南子·览冥训》云：“凤凰之翔，至德也，雷霆不作，风雨不兴，川谷不澹，草木不摇。”②因此“有凤来仪”成为历代统治者无比希冀的理想政治目标。

凤凰剪纸

传说中还有一种被称为“仁兽”的麒麟。麒麟是雌雄两种动物的合称，牡曰麒，牝曰麟。就形态而言，麒麟很像走兽，其“麕身而牛尾，狼项而一角，黄色而马足”。人们之所以称其为“仁兽”，是因为这只走兽“含仁而戴义”，有着现实中的任何一类走兽都不会具备的“仁

① 韩广峰：《山海经易读》，上海古籍出版社，2015，第 54 页。
② 刘安等：《淮南子》，岳麓书社，2015，第 52 页。

〔明〕丁云鹏《麒麟和尚》（局部）

义”。它能和着音乐的节拍行走，所谓“音中钟吕，步中规矩”，最为奇特的是它“不践生虫，不折生草，不食不义，不饮洿池，不入坑阱，不行罗网”。如此神奇而仁义的神兽当然是圣明君主的最佳代表。逢帝王有德，行为可以垂范时，则麒麟现身，所谓“明王动静有仪则见”。麒麟的出现还意味着天下太平，所以《麟颂》有云：“懿哉麒麟，惟兽之伯，世平觌景，否则戢足。”

龙是中华民族的象征。传说中，作为“鳞虫之长”，龙“能幽能明，能细能巨，能短能长”，其作息也极有规律，一般“春分而登天，秋分而潜渊”[1]。龙还可以兴云雨以利万物，能让天下风调雨顺，能使百姓丰衣足食，因而被奉为万物之长。

此外还有“知存亡，明于吉凶”的灵龟，据说这种灵龟“五色鲜明，三百岁游于蕖叶之上，三千岁常游于卷耳之上”[2]。只有当“王者

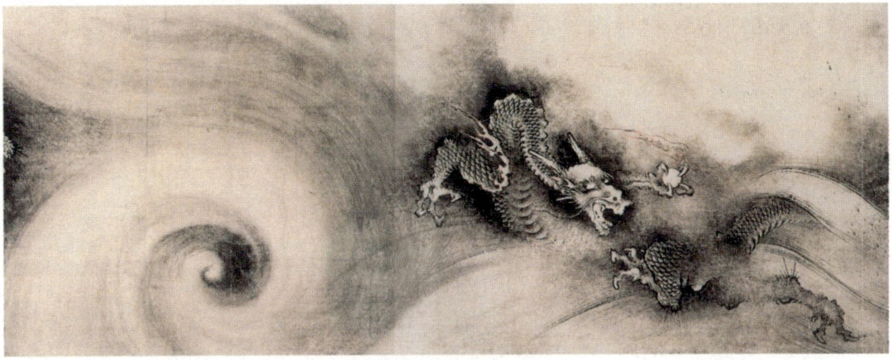

〔南宋〕陈容《九龙图》（局部）

德泽湛清”时，帝王们才能在渔猎时见到它。与凤凰很相似的鸾鸟，《抱朴子》中说它：“似凤而白缨，闻乐则蹈节而舞，至则国安宁。”[3]还有各种各样的鸟，白色的、赤色的、黑色的……都是传说中能带来吉祥的灵物。

这些动物祥瑞呈现出原始动物崇拜的含义。远古时代东夷（今山东东部）人就以鸟崇拜作为其主要信仰内容。《诗经·商颂·玄鸟》中记载有“天命玄鸟，降而生商”。司马迁《史记·殷本纪》中也记载了商族流传的简狄吞玄鸟卵而生契的故事。在大汶口文化遗址中，考古发现，当时的女性尤其是成年女性的嘴里常常含着一个石球或陶球，直径约为15毫米至20毫米。据说这个球一经放入，便不再取出，甚至死后下葬也含在口中。可能是由于长年累月地嘴里含球，她们的

① 许慎：《说文解字》，中华书局，2013。
② 欧阳询著，汪绍楹校：《艺文类聚·卷九九·祥瑞部下》，中华书局，1965。
③ 葛洪：《抱朴子》，上海古籍出版社，1990。

牙齿因而变形。这种习俗其实就是在模仿吞玄鸟卵生子，其中球象征鸟卵，含球则为祈子之意。①

《汉书·地理志》称东夷人“被服容止，皆像鸟也”。在近年来的考古发现中，考古学家认为古代东夷人十分喜欢用羽毛来装饰日常所戴的帽冠。此外，古代东夷人中还流传着拔牙、变头的风俗。拔牙可以使人的嘴更加像鸟喙；而变头则能够使人的头像燕子的头部一样扁平。这些习俗应该都是东夷人在容貌举止上模仿鸟的具体表现。日常生活中，东夷人也有不少与鸟有关的风俗，他们把器物铸成鸟的形状，如陶鬶；或者以鸟名来称谓官吏。由此可见，东夷人以鸟为图腾，他们又被称为“鸟夷”。其他诸如凤凰、鸾鸟、乌以及朱雀等鸟类，其祥瑞意义明显是由远古的鸟崇拜演变而来。

〔清〕蒋廷锡《鸟谱》（局部）

毕竟传说中的神物在现实生活中被发现的可能性极为微小，所以自然界中的一些可见的动物就也成为具有吉祥意味的祥瑞之物，如虎、狼、兔、雀、鹅、鸽、鹿等，各有寓意。《宋书·符瑞志》记载，白虎象征王者自身的仁义，所谓“王者不暴虐，则白虎仁，不害物”；白獐则意味着统治者刑罚得当，所谓“王者刑罚理则至”；至于银鹿

① 参见刘德增：《鸟夷的考古发现》，《文史哲》，1997 年第 11 期。

的出现，则常常被视为是百姓顺从的象征，所谓“刑罚得共，民不为非则至”；白乌则象征帝王对于祖先的尊崇——“王者宗庙肃敬则至”；白雀出现意味着时事公平，所谓“王者爵禄均则至”；至于比翼鸟的出现,则常常被认为是由于统治者品行高远,所谓“王者德盛则至”“王者德及高远则至”；至于苍乌的出现，则是统治者仁慈的象征，所谓“贤君修行孝慈于万姓，不好杀生则来”；当统治者尊老的时候，白兔就会出现，所谓“王者敬耆老则见”[①]，诸如此类，不胜枚举。

有时这些祥瑞还会集中出现。每当改朝换代的当口，各种各样的祥瑞常常被人有意无意地发现,好像是在努力证明着新王朝的合理性、神圣性。东汉末年，曹氏政权替代没落的汉政权的内外部条件日趋成熟，于是各种祥瑞纷纷“出现”，为印证曹氏当政的正当性提供了信仰上的“依据”, 包括 : 延康元年（220 年）三月, 在谯县有黄龙出现 ；四月，白虎现于饶安 ；是年八月，凤凰云集于石邑，同时还有麒麟被发现。在这样一系列的祥瑞纷出的情况下，率先上《贺瑞表》的曹植认为, 各地所见的凤凰、黄龙都是新王朝有德有理的现实象征。这些所谓的“嘉瑞”，恰恰为曹魏代汉制造了令人信服的舆论导向。随后，苏林、董巴等人陆续上表，肯定曹丕是“受天之命，符瑞告徵”[②]。“天意”蕴含在纷纷出现的祥瑞之中，曹丕即位也就顺理成章了。

（三）嘉禾与连理

自然界中，常常会出现一些植物的异生现象，这种基因变异现象在今天已经很容易被人理解，但对于古人来讲，那些异生的植物形态奇特，不合常规，令人难以理解，人们自然就将其与天意预示相联系，将其看作象征吉祥的祥瑞之物。这类植物以芝草、嘉禾、木连理最多见。比起天象、传说中的灵物以及奔驰在野外的野生动物，异生的植

① 沈约：《宋书》，上海古籍出版社，1986，第 98 页。
② 陈寿：《三国志・魏书二・文帝纪第二》， 中华书局，2011。

物就要常见得多了，因此常有颂扬它们的文章流传。

禾乃五谷之长，是古代中原的重要食物来源。面对不时出现的并头苗、三穗苗，古人有自己的解释："王者德盛，则二苗共秀。于周德，三苗共穗；于商德，同本异穟；于夏德，异本同秀。"[①]嘉禾有时还能代表天子的降生，据说刘秀诞生时，就有嘉禾生于屋中，一茎九穗，异于寻常，同时整个县在这一年也获得丰收，所以他被取名为"秀"。班彪以此为据，认为刘秀是"王者受命"[②]。所以，每当有嘉禾出现，往往天下共颂。相传在南朝刘宋元嘉二十四年（447 年），那年的七月乙卯，在华林园和景阳山上出现了所谓的嘉禾，于是时任太尉刘义恭、吉阳县侯沈演之纷纷上表恭贺，可见时人对于嘉禾的重视。

〔南宋〕吴炳《嘉禾草虫图》

芝草，能治疗多种疾病且灵验神效，所以民间称之为灵芝，又名"不死药"，据说是"王者慈仁则生"[③]。当时人们认为食用灵芝可以延年益寿。天宝初年，临川人李嘉胤居所的屋柱上生出了芝草，形状奇特，被周围的人视为吉兆，这件事被记入了《新唐书》，地方令当地的文人作《天生芝草赋》以颂之。

木连理，即不同根的树木因为贴近彼此而连接起来的一种自然

①③ 沈约：《宋书》，上海古籍出版社，1986，第 100 页，第 105 页。
② 范晔：《后汉书》，太白文艺出版社，2006，第 15 页。

灵芝

嫁接现象。古人认为木连理是“王者德泽纯洽，八方合为一则生”①。以木连理为祥瑞的记载在古代数不胜数。晋太元十一年（386年）四月，琅琊费县有两棵榆木，相差四尺九寸，虽异根而连理。太元十八年十月，临川东兴县东南小溪旁出现了连理的芳灵树、李树和白银树。太元十九年正月，有连理的李树在华林园延贤堂西北被发现。因为据说众多木连理的出现昭示着帝王德深恩广，所以此现象深为统治者所喜。

当然，其他如嘉瓜、朱草、屈轶草、大木、五丈高桑、夜亮木等，只要是美丽且奇特的树木、瓜果，都可以被认为是祥瑞，只是由于出现比较频繁，所以等级较为低下。不过相信嘉瑞兆祥的古代王侯将相对记载这一类祥瑞可以说是乐不知疲。

（四）甘露与醴泉

如同异生的植物一样，还有一些自然现象也因为“莫名其妙”而备受推崇，成为吉祥寓意的承载者。

一是甘露。据说当王者品德高尚时，甘露会从天而降。更有人迷信有德的君主在诞生时也会有甘霖普降。据传南朝刘宋武帝“始生之夜，有神光照室；其夕，甘露降于墓树”②。更有趣的是，甘露总是降在不同的植物之上，因而也就形成了不同的所谓吉祥象征。当帝王尊敬耆老时，甘露会降在柏树上；当王者尊重贤人、敬爱老人无微不至时，甘露就会降在竹苇上。可见同样是甘露降临，其吉祥的程度也是

①② 沈约：《宋书》，上海古籍出版社，1986，第104页，第100页。

不一样的。

二是醴泉，即甘美的泉水。古人认为它是水之精华，往往出现在王者治国修礼的时候。史书记载的醴泉有："汉光武建武中元元年（56年）五月，醴泉出京师及郡国，饮醴泉者，痼病皆愈"[①]；"魏文帝初……醴泉出"；"宋文帝元嘉十二年（435年），衡阳湘乡醴泉出县庭"；宋"孝武帝孝建三年（454年）九月甲戌，华林园井泉春夏深不盈尺，忽至一丈，有五色，水清澄，醴味，汲引不穷"[②]等。俗信甘美泉水的出现，不仅可以作为祥瑞寓意国君治国有道，而且往往有治病愈疾的功效，对百姓也十分有益。

〔北宋〕高克明《溪山瑞雪图》（局部）

三是河水清。独特的地理位置和水文特点使黄河连年泛滥淤积，河水浑浊不堪，令国家和地方头痛不已。河水清澈与政治清明相关联，虽出自人们对于自然的想象，却也有现实意义。史载宋文帝治国有方，因此"元嘉二十四年（447年）二月戊戌，河、济俱清"。范邈时任广陵太守，因而进言说："所领舆县，前有大浦，控引潮流，水常淤浊。自比以来，源流清洁，纤鳞呈形。古老相传，以为休瑞。"[③]这种祥瑞的背后，既有自然环境的客观变化，其实更有

① 范晔：《后汉书》，太白文艺出版社，2006，第14页。
②③ 沈约：《宋书》，上海古籍出版社，1986，第105页，第95页。

人的因素。

四是瑞雪。《宋书》中有载："大明五年（461年）正月戊午元日，花雪降殿庭。时右卫将军谢庄下殿，雪集衣。还白，上以为瑞。于是公卿并作花雪诗。[1]"瑞雪兆丰年，瑞雪应该是最为常见的祥瑞现象了吧。

（五）各色钟鼎神器

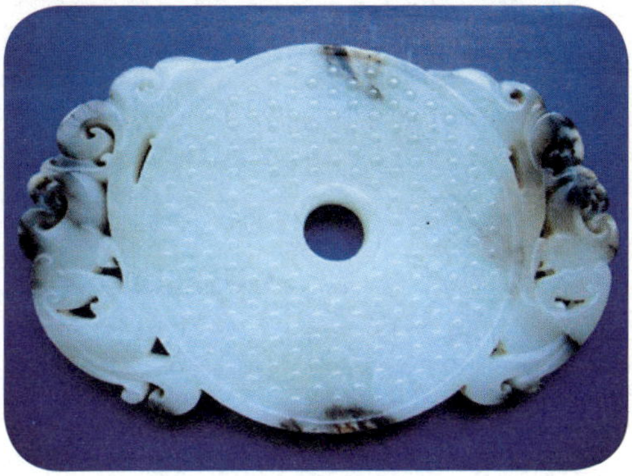

东汉乳钉纹玉璧

古代有以贵重器物陪葬的习俗，以保证死者亡魂的冥福。这种器物年代久远，一旦现世，会对获得者心理上造成某种影响，于是那些特殊的、灵异的器物也成为让人寄予希望的祥瑞。铜鼎、铜钟、玉磬、玉璧等便是这样的瑞物。

在中国古代传说中，那些成为祥瑞的神鼎，质地精良，镌文华美，往往能够预知吉凶。更为神奇的是，这种神鼎还可以"不炊而沸，五味自生"。它经常出现在"王者盛德"之时。

相传，晋成帝咸康八年（342年）九月的晚上，在庐江春谷县（今芜湖），一个叫留珪的人自称看到自家的家门内有闪耀的光华，且得到了一枚玉鼎，外围约有四寸多。时任著作郎的曹毗特意进《玉鼎颂》来称颂此事。

另有记载，穆帝永和元年（345年）三月，春谷城北，有人看见紫赤光现于岸边，循迹得到了一块如印般形状的金子，并遣主簿李迈送达朝廷。这些记载表明，上至王公贵族，下至黎民百姓，对这一类

① 沈约：《宋书》，上海古籍出版社，1986，第95页。

神奇又贵重的器物都充满虔诚与敬畏。

不论是天文祥瑞，还是动植物祥瑞，它们都有着明确的等级之分，一般来说，越是难以见到的祥瑞等级越高。这些等级的区分在各朝各代的《符瑞志》中都有详细的说明，其中庆云和景星被称为大瑞，并被冠以六十四种名称；赤兔和白狼被视为上瑞，被冠以二十八种名称；赤雁和苍鸟被看作中瑞，有三十二种名称；芝草、嘉禾以及木连理则被认为是下瑞，也有十四种名称。

北京法海寺五色祥云壁画

此外，人们对各种颜色的选择与认识也包含着祥瑞信仰。中国的民众对颜色有着自己传统的认识，祥瑞崇拜中也明显地体现出这种倾向。五色崇拜起源甚久。《淮南子·览冥训》云："往古之时，四极废，九州裂……于是女娲炼五色石以补苍天。"[①]《风俗通》云："黄帝战蚩尤于涿鹿，常有五色云气金枝玉叶止于帝上，因作华盖。"[②]所谓五色，即青、赤、白、黑、黄，这五色由于被认为是吉祥之色而受到人们长期的崇拜。

古代的许多风俗习惯都与五色崇拜有关。如汉代人会于每年五月五日将五色丝线系于臂上，据说可以避兵及鬼，并避免生病。七月七日则在百子池畔，奏乐嬉戏。"乐毕，以五色缕相羁，谓为相连爱。"[③]据《荆楚岁时记》记载，魏晋南北朝时期人们不仅"以五彩丝系臂，

① 刘安等：《淮南子》，岳麓书社，2015，第53页。
② 应劭著，王利器校注：《风俗通义校注·佚文》，中华书局，1981。
③ 刘歆著，葛洪辑抄：《西京杂记》卷三，中华书局，1985。

名曰辟兵，令人不病瘟”[①]，而且还要在门户之上“帖画鸡，或镂五采及土鸡……插桃符其傍”。除了五色丝成为可以辟邪的信仰，五色云也一直被人们崇尚。对它的记载最早可见于黄帝与蚩尤之战。自黄帝驾五色云战胜蚩尤之后，五色祥云就作为瑞云为人所笃信。“天瑞有五色云”是人们的普遍信仰。唐代的五色崇拜更加兴盛，武则天时期的五色祥瑞有五色鸟、五色云、五色水等。

这些认识都体现了古人对于色彩中蕴含休咎祸福的看法。白色在上古时期本是非常吉祥的一种颜色，甚至祥瑞中专门有“白祥”一词，泛指众多白毛动物。如白狼为上瑞之首，“白狼，王者仁德，明哲则见”，再如“王者仁而不害，则白虎见”[②]。白鹿、白狐、白猿、白熊、白兔等也被视为祥瑞之物。飞禽中的白雀、白雉、白鹅、白鸽也多次出现在古代有关祥瑞的记载中。不过自唐代以后，白色与死亡联系在一起，代表丧象，成为凶色。唐上元二年（675 年）七月，皇宫中延英殿的皇帝宝座上生了芝草，一茎三花，白色，人们将其视为凶兆，就是因为白色为丧象。此后白色祥瑞急剧减少。黄色在五色中一直被认为是中央正色，象征内德之美，因此黄色是帝王心目中的祥兆之色。古代黄色祥瑞比比皆是，如曹丕“欲受禅，郡国奏黄龙十三见”[③]。此外，对红色的崇尚从旧石器时代也已开始，山顶洞人就有用赤铁矿粉撒在死者身上的习俗。红色象征着血液，象征着生命。撒赤色粉末即希望死者再生或保护死者免遭侵害。用红色作装饰，则是希望避灾祛病，永不死亡。祥瑞中的赤兔即为上瑞。

那么，祥瑞在中国古代的国家政治以及民众日常生活中的地位如此重要的原因究竟是什么呢？

第一个原因，对于国家来说，祥瑞可以作为工具来彰显统治者的

---

① 宗懔著，宋金龙校注：《荆楚岁时记》，山西人民出版社，1987，第 50 页。

② 欧阳询著，汪绍楹校：《艺文类聚·卷九九·祥瑞部下》，中华书局，1965。

③ 欧阳询著，汪绍楹校：《艺文类聚·卷九八·祥瑞部上》，中华书局，1965。

功绩与地位。历朝历代，帝王们总是希望在自己的统治下祥瑞出现得越多越好。比如，在唐代，中央每年都会对地方官员进行考核，考核的内容包括地方官员的殊功异行、当地的灾蝗祥瑞、户口赋役的增减、盗贼的多少等,所有这一切“皆上于考司”①。因此搜寻祥瑞就成为地方官员固有的责任。每年的冬至和元日,门下侍郎都要“奏天下祥瑞”,用这种方式来表彰帝王的德行和政绩。改元也是帝王们自我表彰的一种形式。嘉禾七年（238 年），孙权曾下诏曰 ：“间者赤乌集于殿前,朕所亲见,若神灵以为嘉祥者,改年宜从赤乌为元。”②于是在这一年,其年号被改为赤乌元年，以顺应“天意”。到了十六国时期，吕光（后凉的建立者）在位时，张掖的金泽曾经出现了麒麟，且有各种野兽随从，所以年号改成了麟嘉。

第二个原因,祥瑞体现了天人感应思想与民间信仰中对天的崇拜。

自古以来，人们就认为天和人之间存在着某种联系，即天人相通。据说当年黄帝治天下的时候，“日月精明，星辰不失其行，风雨时节，五谷登熟，虎狼不妄噬，鸷鸟不鷙博，凤凰翔于庭，麒麟游于郊,青龙进驾,飞黄伏皂”③。西汉的董仲舒进一步地将天人关系神化,形成了一套“天人感应”学说。在董仲舒的学说里，万物之祖为天，天能够明察秋毫、惩恶扬善，是百神之大君，能够主宰人类社会乃至整个自然界。人类社会中的贵贱与高低、治世或乱世，自然界的阴晴风雨、昼夜轮转、四季更迭等都是天神的意志决定的。董仲舒还认为，人类社会的正常秩序是被上天安排好的，同时上天还可以监督人类社会的运行。假如君王治国有道，上天就会显示各种祥瑞来表示赞赏，即“帝王之将兴也，其美祥亦先见”④。一旦君王出现过失，

① 欧阳修、宋祁：《新唐书》卷四十六，中华书局，1975。
② 陈寿：《三国志·吴书二·吴主传第二》，中华书局，2011。
③ 刘安等：《淮南子》，岳麓书社，2015，第 52 页。
④ 董仲舒：《春秋繁露》卷十三，中华书局，2011。

上天就会降下各种灾祸，如水灾、虫灾、旱灾等，以示告诫和谴责；如果帝王一意孤行，不能及时自省，上天就可能撤换君王，另择贤能，甚至改朝换代。这种上天与人类社会的互动就叫作天人感应。而其中的祥瑞其实就是上天对能够善治天下的有德君王的一种褒奖。本质上来说，祥瑞崇拜是天人感应思想的外在表现形式，其实质还是一种对天的崇拜。

中国古代的天意崇拜历史悠久。早期，对天意的崇拜和祭祀主要限定在上层统治阶级，和普通民众及其日常生活没有密切的关联，所以普通民众一般也不会关注这些。不过，遵循天人感应的逻辑，人类社会的最高主宰是上天，因而帝王将相乃至普通民众都是被其掌控的，于是上天自然与民众形成了一种控制与被控制的关系，这种关系促成了民众在日常生活中普遍的天意崇拜，最终在民间信仰体系中形成了自上而下的普遍性的天意崇拜。

在历史的长河中，祥瑞对民间社会也产生了深远的影响，其主要的功能是满足普通民众的生活需要。

我们可以举民间的四灵崇拜作为例证。“四灵”指青龙、白虎、朱雀、玄武四种神兽。在民间，老百姓崇拜四灵，主要原因就是它们具有与日常生活紧密相连的某些作用。比如，四灵能够防御鬼魅。《风俗通·祀典》云：“虎者，阳物，百兽之长也，能执搏挫锐，噬食鬼魅。今人卒得恶遇，烧虎皮饮之，系其爪，亦能辟恶，此其验也。”[①] 据说四灵之一的老虎可以吃鬼，所以各种鬼魅都畏惧并躲避它。因而自汉代以降，民间就有在门上画虎来驱鬼辟邪的风俗。再如四灵之一的苍龙，也叫青龙，也具有辟邪的功用。据《论衡·解除》记载，“宅中主神有十二焉，青龙白虎列十二位，龙虎猛神天之正鬼也，飞尸流凶安敢

① 应劭著，王利器校注：《风俗通义校注·祀典第八》，中华书局，1981。

安集，犹主人猛勇、奸客不敢窥也”①。这样看来，青龙也是可以守卫门户安全的。说到朱雀，《拾遗记·唐尧》中曾有记载：“尧在位七十年……有秖支之国献重明之鸟……状如鸡，鸣似凤……能搏逐猛兽虎狼，使妖灾群恶不能为害……其未至之时，国人或刻木，或铸金，为此鸟之状，置于门户之间，则魑魅丑类自然退伏。”②所以说，朱雀也可以防止魑魅魍魉对人的侵害。至于以龟蛇合体形象出现的玄武，更被人公认为抵抗灾祸的守护神。因此，人们会将四灵画在门户上，用来达到驱邪避鬼的目的。更进一步来说，四灵的护卫功能还可以扩展到地下，人们将四灵视为地下墓门的守护神，认为其可以保护墓主的安宁。考古发现，汉代的墓葬里经常可以看到四灵的图像，或者“将朱雀或白虎与铺首衔环雕绘于墓门之上，当作驱邪护墓、保卫死者的神物”③。

老百姓还常常将四灵看作吉祥如意的代表。古人认为，朱雀出现可以兴旺子孙。还有很多地方把龟与人的祸福贫富联系起来。传说中，乌龟的寿命能够达到五千年甚至一万年，因而常常被人敬如神明，以保长寿延年。因为寿命长，乌龟还具备了先知的本领，所以古人经常用龟甲占卜，来预测吉凶。此外，古人还认为乌龟能给人们带来好运。《史记》中记载说：“近世江上人有得名龟，畜置之，家因大富。与人议，欲遣去。人教杀之勿遣，遣之破人家……其家终杀之。杀之后，身死，家不利。”④

国家层面的祥瑞崇拜需要将祥瑞记录在册以显示统治者的德行与政绩，民间的祥瑞崇拜则有所不同，民间更多的是将祥瑞作为一种符号，这种符号寄托了老百姓趋吉禳祸的渴望。这些作为符号的祥瑞形

① 王充：《论衡》卷二十五，上海人民出版社，1974。
② 王嘉撰，萧绮录：《拾遗记》卷一，上海古籍出版社，2012。
③ 赵建中：《南阳汉代画像石主要动物题材刍议》，《中原文物》，1988年第4期。
④ 司马迁：《史记》，中华书局，1982，第3233页。

象生动，含义丰富，给人们的生活增加了安宁的保障，因此不论皇族宫门、将相朱门，还是市井柴扉，都有祥瑞符号的一席之地，祥瑞在历史的变迁中展示了其长久的生命力。概括地说，无论是国家、宫廷，还是地方、民间，各种祥瑞的出现符合了人们追求美好生活的愿望和理想，其所代表的国泰民安的吉祥寓意是上至帝王将相、下至黎民百姓的共同祈愿，因此在古代盛行不衰，深得民心。

二、国家大典中的吉祥追求

除了各种寓意吉祥的祥瑞现象，各种国家级的大型祭祀活动也时时刻刻体现出国家层面的对于吉祥的信仰与渴望。中国古代社会是典型的宗法制农业社会，在这种社会条件下，相应地形成了以崇尚天地、注重农事、追求安定、尊重祖先的权威和经验为特色的吉祥诉求，这一诉求充分地体现在国家级的祭祀大典之中。所谓“国之大事，在祀与戎”[①]。兵事决定了一个国家的疆域，以信仰为核心的祭祀体系则预示了一个王朝的稳定与兴盛。《国语》云：“夫祀，国之大节也；而节，政之所成也。故慎制祀以为国典。”[②]中国历代王朝的统治者们，都希望通过祭天祀地、享祖崇圣、祈雨祭厉等各种祭祀活动来彰显国家的威严，维护以皇帝为核心的统治秩序。一般来说，国家级的祭祀大典主要包括对天地、山川、河流的祭祀，对社稷的祭祀以及对先祖的祭祀等。

（一）天、地、山渎

中华民族自古就有祭天活动。周代的祭天仪式也叫作郊祭，于每年的冬至之日在国都南郊的圜丘举行，表示的是人类对于大自然的尊

① 左丘明：《左传·成公十三年》，中华书局，2012。
② 左丘明：《国语》，齐鲁书社，2005，第 79 页。

崇。《东京梦华录》中详细记录了北宋冬至祭天的仪式，其大致情形如下：

冬至前三日，驾宿大庆殿。殿庭广阔，可容数万人。尽列法驾仪仗于庭，不能周遍……宰执百官皆服法服，其头冠各有品从……次日五更，摄大宗伯执牌奏中严外办，铁骑前导番衮……千乘万骑，出宣德门，由景灵宫太庙。……是夜宿太庙，喝探警严如宿殿仪。至三更，车驾行事。执事皆宗室。宫架乐作，主上在殿上东南隅西面立，有一朱漆金字牌曰“皇帝位”。然后奉神主出室，亦奏中严外办，逐室行礼毕，甲马、仪仗、车辂、番衮出南薰门。驾御玉辂诣青城斋宫……三更，驾诣郊坛行礼，有三重壝墙。驾出青城，南行曲尺西去约一里许，乃坛也……坛高三层，七十二级。坛面方圆三丈许，有四踏道。正南曰午阶，东曰卯阶，西曰酉阶，北曰子阶。坛上设二黄褥，位北面南，曰“昊天上帝”；东南面曰“太祖皇帝”……有歌者，其声清亮，非郑、卫之比。乐工皆裹介帻如笼巾，绯宽衫，勒帛。二舞者，顶紫色冠，上有一横板，皂服朱裙履……宫架乐罢，鼓吹未作，外内数十万众肃然，惟闻轻风环佩之声。①

对于山川的祭祀则是由天子与王公各司其职。《礼记·王制》记载，“天子祭天下名山大川，五岳视三公，四渎视诸侯。诸侯祭祀名山大川之在其地者”。可见，对于山川河渎的祭祀一直就是国家祭祀制度的重要组成部分。山川祭祀中最重要的当数祭祀五岳。最初的五岳并没有具体名称，直到东汉，郑玄注《周礼》，认为山有至尊的五岳：东岳岱宗、南岳衡山、西岳华山、北岳恒山、中岳嵩山。这是五岳有

① 孟元老：《东京梦华录》，中州古籍出版社，2010，第177页。

具体所指并见诸文字之始，到公元前 61 年，汉宣帝正式颁布诏令确定“五岳”之说，才使这种说法得到官方的确认。此后，历代皇帝对五岳不断加封，唐代将其封为王，宋代、元代更是加封其为帝，至明代加封其为神。

（二）祭祀历代先王

从氏族社会的部落首领到封建朝代的皇帝，都不曾停止对祖先和历代先王的祭祀。《国语·鲁语》有载：“有虞氏禘黄帝而祖颛顼，郊尧而宗舜；夏后氏禘黄帝而祖颛顼，郊鲧而宗禹；商人禘舜而祖契，郊冥而宗汤；周人禘喾而郊稷，祖文王而宗武王。”最初的祭祀仪式体现为一种比较单纯的祖先崇拜，不过由于在中国的传统观念中，家与国具不可分性，所谓“天下之本在国，国之本在家”[①]，故而此类仪式的范围逐渐由祖至国，最早的地方部族之祭慢慢地就转化成为大型的国祭。后世中国皇朝尊三皇五帝为先祖进行祭祀亦成为规制。《国语》有载：“法施于民则祀之，以死勤事则祀之，以劳定国则祀之，能御大灾则祀之，能扞大患则祀之。”这句话的意思是，那些有功于百姓国家的先贤帝王可以得到人们的祭祀。因此在每年固定的时间，国家都要举行隆重的祭祀典仪来祭祀各位先代帝王，其中有黄帝、颛顼、帝喾、尧、舜、禹，也有契、冥、汤，还有周文王、武王等。随着时代的演变，受到祭祀的历代帝王数目不断增加，于是从隋代开始为先代帝王修建庙宇，对其的祭祀也成为常祀。一般来说是在京城立三皇五帝庙，在先代帝王创基立业的肇始之地建庙宇，按时祭祀。明洪武六年（1373 年），明太祖朱元璋索性在京营建历代帝王的庙宇。到嘉靖时期，北京阜成门内所建的历代帝王庙中，享受祭祀的历代先王共三十六位，而且选择了历朝历代那些能够保节守义的名臣作为从祀，这种祭祀制度一直沿用至清。

① 方勇译注：《离娄上·孟子》，中华书局，2015。

对山川天地的祭祀，是因为古人希冀从自然界获取神圣的护佑及肯定；对祖先帝王的供奉，是人们希望通过对先贤的祭拜得到家国永继的保障。

（三）春祈与秋报

在传统的农业社会，农事是国家经济命脉所在，因此国家祭祀中自然少不了对于各种农业神的祭祀。其中较为重要的有蜡祭、祀先农、祀先蚕等。

《雍正耕织图・耕》

蜡祭是祭百神，一般于年末进行，以报答一年来神灵的恩佑之功。北周时，于十一月祭神农氏等。隋初在孟冬（初冬）下亥日蜡百神。

唐代的蜡腊之礼是在贞观十一年（637年）确定下来的，即每年的季冬（冬末）寅日在南郊蜡祭百神；卯日在社宫祭社稷，辰日于太庙腊享。宋代腊日定在十二月戌日，专门建百神坛，还要祭社稷，享宗庙。宋神宗时，分别在四郊建坛，祭祀各方的神灵。自元代起，国家祀典里就不再有蜡腊祭祀，不过一些地方还是建有“八蜡庙”。民间还时常有蜡腊之祭，只是其中祭祀的神灵大部分都与农业生产相关。

祀先农之礼被称为“籍田礼”，是祭祀农神、求乞收获的典礼。农神，也称“先啬”“田祖”“先农”，应该就是最早教百姓耕作的神农氏。籍田礼都是于春日举行。各代帝王皆遵循旧礼，仪式也越来越复杂。南北朝时，帝王会在先农坛之北建专门的御耕坛，四周围上幕布，主要是让皇帝在幕内观看农夫耕种的情形。宋代以后这种地方被叫作“观耕台”。籍田、祀先农之意在于重农、劝耕，表达祈求丰收的良好意愿。

天子率领百官籍田，皇后则带领后宫命妇们采桑养蚕，这被称为亲桑礼或享先蚕之礼。亲桑礼源自汉代。每逢仲春时节，皇后会率领众公侯夫人，来到东郊的皇家林苑中采集桑叶，以中牢之礼拜祭蚕神。自魏晋之后，皇后主持的亲桑礼比附皇帝主持的籍田亲耕礼，建造了先蚕坛、采桑坛。祭祀的蚕神，历朝历代各不相同，比如南朝的后齐以黄帝轩辕氏为蚕神，后周则将黄帝的妃子西陵氏视作蚕神。因为西陵氏名嫘祖，所以民间便将嫘祖当成蚕神祭拜。

在这些关乎国家存亡安危的祭祀大典之外，其他各种形式和目的的祭祀在国家礼制中也占有重要地位。举例来说，立学之礼，是祭祀先圣先师的，这种典仪始于汉高祖时，当时孔子的地位并不高，到汉平帝时，孔子才被追谥为褒成宣尼公。汉魏时期，立学礼以周公为先圣，而将孔子视为先师；也有将孔子作为先圣，以颜回作为先师的。南北朝时，太学内建有祭祀孔子的宣尼庙，每逢初一，国子祭酒率领众博士等拜祭孔子和颜回。各地郡学也都立有孔、颜之庙。唐代最终将立学礼确定下来，以孔子为先圣，以颜回为先师，自此以后就没有变更过。后世帝王不断地给孔、颜两人赠号封爵，直至将孔子封为“大成至圣文宣王”，其从祀弟子、贤人皆被封为公、侯，并允许在祭祀中使用天子之乐。

古时还有“享先医”的祭拜典礼。这种仪典始于元代。成宗元贞元年（1295 年），朝廷将三皇确立为先医，下令各地郡县均需按时祭祀。明、清两代沿袭了这种制度，在皇宫之中的太医院里设殿奉祭。每逢仲春上甲日，皇帝专门派遣官员或诏令太医院正官作为主祭，其余医官作为陪祀。

高禖之祀起源较早，实为乞子的仪典。根据《礼记·月令》的记载，仲春时节，“玄鸟至，至之日，以太牢祀于高禖，天子亲往”[①]。玄鸟其实就是燕子。正如《诗经·商颂·玄鸟》所说：“天命玄鸟，降而生商。”[②]根据远古神话，简狄吞下了鸟卵才生了契，契正是商民族的祖先。因此，为求子而举行的高禖之礼，一般选在燕子从南方北归的时间举行，一般会设坛于南郊，后妃率九嫔等参加。从各种形式和迹象看，这种祭仪实际上是远古妇女乞求生育之祭的延续和发展。魏晋南北朝时期，各国高禖之祭普遍存在，但是一直到唐、宋时期，高禖之祀才逐渐被确定下来。宋代专门设高禖坛，将高禖定为青帝，行礼之日则定在春分。

此外还有祛除疾疫之礼。古代宫廷中有专门的“方相氏”，其主要工作是“蒙熊皮，黄金四目，玄衣朱裳，执戈扬盾，帅百隶为之欧疫厉鬼”[③]。

向大自然顶礼膜拜祈求佑护，奉献牺牲给列祖列宗，求其保佑统治绵长有序，或者表达对先师、先医的祭拜……所有这些国家级别的信仰活动，无论是吉祥的象征物，还是宫廷的祭祀大典，其中所传达的不外乎是统治阶层对于国泰民安、永享太平的渴望。

---

① 《礼记·月令》，中华书局，2017。
② 王秀梅译注：《诗经·商颂·玄鸟》，中华书局，2006。
③ 郑玄注，贾公彦疏：《周礼注疏》，中华书局，2014。

第二章 地方治理中的吉祥信仰

如果说国家康泰是国家层面对于吉祥的最高祈愿，那么，百姓生活富足、安居乐业、安宁太平则是地方上最理想的状态，因而也就成为地方各级行政官员的终极管理目标，甚至成为对地方官员的考核标准。在实现地方安宁、百姓安居的过程中，当然离不开各种行政上的有效措施，但为了更好地实现目标，无论百姓还是官员，都会向特定的神灵祈愿，求他们赐予该地区福瑞吉祥。一般来说，为了达成此类目的，这些祭祀活动都呈现出鲜明的集体性特征。因此，在这些被祈求的神灵身上，大都被赋予一些非个人性的功能与职司，并且往往带有浓厚的地方保护色彩。对于地方社会来说，尤其是在中国传统的农耕社会背景下，水土平安、风调雨顺、无灾无难，是人们吉祥追求的基本落脚点，自然也就成了这些神灵们最重要的职责。加上中国民间信仰功利性色彩明显，多神崇拜的特征突出，所以中国的地方神信仰可谓纷繁各异。各地民间所信奉的神祇，既有远古时期产生的，又有近现代以来出现的；既有全国普遍信奉的，又有地方特点明显的；既有本民族土生土长的，又有受其他民族的影响而形成的。他们在古老的中华大地上，共同享受着人间的香火。不过每个特定区域自然条件千差万别，生活于其中的人们观念各异，诸神之间的关系既有层次差别，又有不同的地位和作用，民众对其重视程度亦是有轻有重，因而地方神灵体系不完全一致也就在所难免。但是，无论向哪种神灵祈求，以何等方式待之，地方社会的百姓与官员们对于吉祥的企盼都是始终如一的。

一、农业生产的吉祥追求

土地生长万物，养育黎民。中国是个传统农业国家，稼穑是大部分中国百姓的基本生计，尤其是在以农耕为主的地区，土地是人们生存的命脉，因此凡是与农事相关的各种神灵都受到人们的普遍供奉。五谷丰登是从事农业生产的黎民百姓共同的吉祥追求。

（一）保佑农事活动的“社稷”与“后土”

在中国古代,“社”的含义很广。一定规模的人口聚落可以叫“社”。相传共工氏一族世代为水正，发洪水的时候，共工的儿子句龙就让人们住到高地土丘之上。没有高地就挖土堆丘，每丘规模大致为可住25户之地，称之为“社”，它是一种便于生活和防范灾祸的小的聚落。土地之神也可以称为“社”。《说文解字》曰 :“社,地主也。”[①]汉代应劭认为“社者，土地之主，土地广博，不可遍敬，故封土为社而祀之，报功也”[②]。社祭就是通过祭祀社神来祭祀大地,以示对大地的敬畏与感恩。句龙死后，被奉为土地神，也叫社神。为了纪念他，人们专门建造了房屋祭祀,称之为“后土”。古代与土地相关的农事或战事行动,都需要祭告后土之神。其他如祭土地的地方、日子和礼仪也都可以叫作“社”。

古时的五谷之神被称为“稷”。相传上古时期,帝喾之妃姜嫄“出野，见巨人迹，心忻然说，欲践之，践之而身动如孕者。居期而生子,以为不祥,弃之隘巷,马牛过者皆辟不践;徙置之林中,适会山林多人,迁之;而弃渠中冰上，飞鸟以其翼覆荐之。姜原以为神，遂收养长之。初欲弃之，因名曰弃”。[③]弃为小儿时，就喜爱植树、种麻菽，经他所

① 许慎：《说文解字》，中华书局，2013。
② 应劭著，王利器校注：《风俗通义校注·祀典第八》 中华书局，1981。
③ 司马迁：《史记》，中华书局，1982，第111页。

种，树木茂盛，麻菽丰美。等他成人后，酷好农耕。据说弃能相地之宜来种植五谷，往往成果丰硕，农人纷纷效法。帝尧知道之后，就将他封为“农师”。由于他教民稼穑，天下尽得其利，功莫大焉，于是帝舜封弃于邰，赐号“后稷”，即周民族的始祖。后世历代主管农事的官员都被称为“稷正”就是由此而来。传说夏朝时烈山氏的儿子柱就是稷正，他死后被当作农神供奉，也被人叫作“五谷神”。

“社”神与“稷”神合起来被称为“社稷”，也就是土谷之神。古代的君王为了祈求国家安泰，五谷丰收，每年都会到郊外祭祀五谷神和土地。于是社稷慢慢地就成为国家的象征，这种象征明显反映出我国古代以农立国的社会性质。社稷，关系国脉和民脉，故被看作农业的象征、政权的标志，对其奉祀的仪式当然极其隆重和庄严，上至国家、地方，下至黎民百姓，定期都有对于社稷神的奉祀。每年春秋季皇帝都祭拜社神和稷神，祭礼繁缛冗长，包括迎神、升坛、跪拜以及乐舞等，奠玉帛、蹈献爵、终献礼，前后达二三个时辰。地方上也都修建社稷坛奉祀。明清时政府设立的“社稷坛”，多位于州县城的南郊。如《晋江县志·祠庙志》中就有关于社稷坛的记载：“其制累石为坛，高三尺四寸，纵横各二丈五尺。以北为前、南为后，东西北出阶各三级，坛下前九丈，东西南各五丈。绕以垣，由北门入。立二石主于坛上，长二尺五寸，方一尺一寸，圆其顶，埋于坛土之正中，近后北向上露圆尖，余瘗于下以依神。于平日别立二木主，藏于城隍庙，祭日迎木主于坛，左稷右社，在二石主之前，以依神。于祭时，坛旁设神库、神厨、宰牲所、洗牲池、斋房。”

作为地方社会中的庄重仪式，祭祀“社稷”是有制度可循的。每年春分和秋分，各州县长官会亲自祭祀社稷神。一般在正式祭祀之日的头三天，各州县的长官以及陪祭官就开始准备。其中有很多礼仪和禁忌，如斋戒、沐浴等，而且在此期间，处理日常政务时不能打人，不能签发刑杀类文书，祭祀前一天需要停止办公并且守斋，到社稷坛监督宰牲，并拈香祝祷，礼房吏需指挥打扫社稷坛等。祭祀时，礼房书吏先捧出社神和稷神的牌位，放置于祭坛之上。州县长官率领众位僚属自南门进入社稷坛，伴随着礼生的唱赞，躬身行礼、跪拜，依次在坛前供奉祭品，最后捧上写有祝文的祝版。祝文的一般格式为："维某年，岁次某月某朔日，某官某等，敢昭告某社之神、某稷之神曰：品物资生，蒸民乃粒，养育之功，司土是赖。维兹仲春（或秋），礼宜告（或报）祀，谨以牲帛醴齐、粢盛庶品，式陈明荐。尚飨！"叩头之后，会有人在坛场东面的瘞坎焚烧祝版和祭帛等，并将灰烬掩埋。最后，所有参加祭祀的官员们在社稷坛外参加宴席，享受祭品。

北京中山公园社稷坛

相较于官方，民间的社稷祭祀则充满了生活气息，且景象不一。祭祀社稷神的日子叫社日。社日成为乡村的集体公共节日，家家参与，人人踊跃，是一个睦邻欢聚的日子。《荆楚岁时记》记载，"社日，四邻并结宗会社，宰牲牢（一作牲醪），为屋于树下[①]，先祭神，然后享其胙（祭祀用的肉）”[②]。唐代诗人王驾在《社日》里描绘的“桑柘影斜春社散，家家扶得醉人归”就生动地呈现了社日宴乐的盛况。韩愈的“愿为同社人，鸡豚燕春秋”[③]，杜甫的“田翁逼社日，邀我尝春酒”[④]等诗句也很能说明社日的吸引力。《史记·陈丞相世家》记载了陈平在乡里主持分社肉之事。社肉，也称“福肉”，是社祭时用的肉，祭神完毕后，每户人家都会分得一份社肉。据说分到社肉之人，便能受到神的恩赐。陆游《社肉》中的“醉归怀余肉，沾遗遍诸孙”[⑤]写的就是社日结束后把肉带回家分给子孙们的场景，意为让全家老少都能感受到神的恩惠。社日还是女性的休息日，张籍《吴楚歌词》中的“庭前春鸟啄林声，红夹罗襦缝未成。今朝社日停针线，起向朱樱树下行”[⑥]，就描绘了女性在社日的活动。此外，各种欢庆活动也是社日的魅力所在。宋代诗人范成大《上元纪吴中节物俳谐体三十二韵》诗云“轻薄行歌过，颠狂社舞呈”[⑦]，并且于诗中自注曰：“民间鼓乐谓之社火，不可悉记，大抵以滑稽取笑。”[⑧]城乡各坊社用金银珠宝和锦绣装扮人物，鼓乐喧天，于田间游行迎神，祈求丰收。元明之后，杂剧、传奇相继崛起。社日里的大戏，既为社日增加了新奇的娱神节目，也能为人们解除日常生活的烦忧劳顿。

社日的具体时间在春分、秋分前后，据《岁时广记》记载，立春后的第五个戊日为春社，立秋后的第五个戊日为秋社。春社祈谷，秋社报神。之所以选择于立春后的第五个戊日祈谷，大概是因为其时“惊蛰”已过，雨水充足，万物复苏，一年的农事即将开始，人们都希望

---

① 古代封土为社，各地随所宜种之树植于其间，称社树。

② 宗懔著，宋金龙校注：《荆楚岁时记》，山西人民出版社，1987，第33页。

③④⑥ 彭定求等：《全唐诗》第342卷第024首、第219卷第026首、第386卷第100首，上海古籍出版社，1986。

⑤ 陆游：《剑南诗稿校注》，上海古籍出版社，2005。

⑦⑧ 范成大：《范成大诗选》，人民文学出版社，1997。

有一个良好的开端，于是在这一时间祭祀社神，祈求五谷丰登、六畜兴旺、风调雨顺、国泰民安。所以才有人说“国以民为大，人以食为大，故建国君民，先命立社也，地广谷多，不可遍祭，故于国城之内，立坛祭之”[①]。百姓依赖土地种植五谷而生存,亲土地而奉祀土谷神也正是出于这样一种本能，由祭祀而表达出来的也正是农耕社会中百姓对于生产的最为根本的吉祥祈愿。

（二）祈晴祷雨的祭祀仪式

为了满足农人五谷丰登的吉祥祈愿，除了有被顶礼膜拜的诸多神灵，还有很多严格的祭祀仪式。

传统农业生产与自然气候关系极其紧密，但由于科学认知所限，古人未能掌握气象的规律，更无力改变突发的天灾。特别是水旱之灾给农业生产和人们的正常生活带来的巨大损失，令人无奈又无助。除了辛勤的劳作，古人只能将希望寄托于冥冥之中的神灵，求他们保佑风调雨顺，自己一年的劳作不至于付诸东流。于是，掌管风、雨、雷、电的各种气象之神应运而生，并端坐于庙堂之上，安享虔诚供奉。

中国正统祭祀体系中，固定时间、固定形式的祭祀已成为一种礼仪，如向上天致祭求雨的“雩礼”、对风伯和雨师的常祭，等等。农业生产都是靠天吃饭，雨水的多寡直接影响到粮食的收成、国库的收入，进而影响王朝的稳定，因此历代朝廷和地方都十分重视。为求雨而进行的祭祀在殷商时代已经出现。传说商汤时有七年之旱，汤王祷雨于桑林方才求下了甘霖。后世每逢天旱不雨的时候就会举行“雩祭”仪典。春秋时期，雩祭由国君亲自于城南郊外主持。国君读罢祭文，便有童男童女各八人边舞边呼。通常情况下，雩祭在孟夏（初夏）举行，因为此时万物开始迅速地生长，急需雨露滋润才能繁茂茁壮，举行雩祭可以祈求苍天甘霖普降。秦汉时期对雩祭同样重视，并为之修

---

① 李昉：《太平御览·卷五三二·礼仪部十一》，中华书局，2011。

建了专门的祭坛，这种用于祭雨的高台被称为雩坛。因为雩祭之风极为盛行，所以雩坛也就遍布全国，元好问《戊戌十月山阳雨夜》诗曰："忍死待一麦,秋种且未投。干溢谁所司,雩坛遍九州。"[①] 据郦道元《水经注 · 汜水》记载，北魏时，荥阳汜水关（即虎牢关）前的雩坛高达三丈。

汉代大儒董仲舒由天人感应论出发，形成了一系列求雨祈晴的方法，其后在中国历史上延续不衰。《论衡 · 乱龙》有载："（董仲舒）设土龙以招雨，其意以云龙相致。《易》曰：'云从龙，风从虎。'以类求之，故设土龙。阴阳从类，风雨自至。"[②] 根据董仲舒的观点，人类社会中极好的或者极坏的事项，都可以触动天地，引起所谓的天灾。说到底，天灾其实源自人祸。人事的过失会导致阴阳失调，而阴阳失调必然引发风雨失去节律。反过来，人事处置得当，阴阳也就调和，自然界当然也就风调雨顺。基于这样的认识和逻辑，董仲舒制定了一整套求雨祈晴的方法。他认为，如果干旱，那是由于阳气太重，想求雨就必须损阳益阴。因此，求雨时，男性需要藏匿起来，女子则需要多多聚集或走动；而多雨天是由于阴气太盛所致，因此需要移阴而壮阳，具体的做法与求雨正好相反。此外还讲究同类相感：在水日求雨，而在土日止雨求晴；同时还要造土龙，设土坛，穿青衣，舞童子，斋告祷祝。

仿照此法求雨的活动一直到宋代还在延续：

咸平二年旱，诏有司祠雷师、雨师。内出李邕《祈雨法》：以甲、乙日择东方地作坛，取土造青龙，长吏斋三日，诣龙所，汲流水，设香案、茗果、糍饵，率群吏、乡老日再至祝酹，不得用音乐、巫觋。雨足，送龙水中。余

① 元好问：《元好问全集》，山西古籍出版社，2004。
② 王充：《论衡 · 乱龙》，上海人民出版社，1974。

四方皆如之，饰以方色。大凡日干及建坛取土之里数，器之大小及龙之修广，皆以五行成数焉。诏颁诸路。[1]

以龙祈雨兴于隋唐，并成为一种对后世影响巨大的神灵崇拜。这里所说的龙秉承了中国传统土龙的神性，同时接纳了佛教的龙神观念，糅合了道教科仪，慢慢地深入民心，神龙成为掌管天下水脉的专门神灵。有受宫廷礼拜的五方神龙，也有受到民间供奉的河、湖、井中的众多龙君。白居易、韩愈这些历史名人都留下了祭祀五方神龙的诗文。中唐之后，五龙祠祭拜求雨成为一种官方的正式仪典，是极少的皇帝亲自参加的祭仪之一，并直接影响到民间的求雨活动。山西芮城县北七里有龙泉，其碑记《龙泉记》描绘了地方官员的求雨行动，“前令尹因而祷之，遂得神应，乃降甘雨，始命为龙泉”，并且“制小屋，图其形，写龙之貌，为乡人祷祀之所”[2]。所谓“图其形”，即画龙求雨，这种仪式活动在《宋史》中也有比较详细的记载：

景德三年五月旱，又以《画龙祈雨法》付有司刊行。其法：择潭洞或湫泺林木深邃之所，以庚、辛、壬、癸日，刺史、守令帅耆老斋洁，先以酒脯告社令讫，筑方坛三级，高二尺，阔一丈三尺，坛外二十步，界以白绳。坛上植竹枝，张画龙。其图以缣素，上画黑鱼左顾，环以天鼋十星；中为白龙，吐云黑色；下画水波，有龟左顾，吐黑气如线，和金银朱丹饰龙形。又设皂幡，刎鹅颈血置盘中，杨枝洒水龙上，俟雨足三日，祭以一豭（公猪），取画龙投水中。[3]

通常，知县亲自主持对于龙神的祭祀，仪式十分庄严隆重。“县公行二跪六叩首礼毕，复跪拈阄，请某处龙神取水。传示乡民洒扫街

①③ 脱脱等：《宋史·礼志五》，中华书局，1985。
② 周绍良主编：《全唐文新编》第4部第1册，吉林文史出版社，2000。

道，禁止屠杀活命，各铺户、家户门首，供设龙神牌位、香案。僧众、架鼓吹手，出城取水迎龙神。知县率僚属素服步行出城外，迎接入城，供奉雨坛，行二跪六叩首礼。每日辰、申二时，行香二次，乡老、僧众轮流跪香，讽经、典史监坛，利房照料香烛。如是者，三日，得雨，谢降撤坛，派乡老送水；旱甚，率僚属斋戒，出祷风去，雷雨，山川坛，进遍祷群庙。”①

古时民间普遍认为，天旱是因为得罪了龙王爷，而举行一系列形式各异的祭祀、祈祷仪式可以求得龙王爷开恩，赐雨人间。求雨习俗在我国的山东、山西、河南、河北都甚为流行。人们为了求得风调雨顺，想尽了各种方法：有的献供牲畜，有的祭以人牲，也有的抬着神像周游乡间。有求雨神的，有扎草龙的，也有在大门上插垂柳枝的，还有捕捉鱼、蛙、蛇等水中动物以祈雨的，等等。此外，还有的地方通过“斩旱魃（传说中能引起旱灾的鬼）”这一表演性质的祭祀仪式来求雨。

《鄞县通志》记载：“农民遇久旱，则请龙，约邻村农民舁（携带）境庙之神往龙潭祷求，偶见水中有蛇、鳗或蛙、鱼等动物浮出即以为龙，置诸缸内，请之而归。要求邑之长官，跪拜供奉如神，或醵赀演戏以敬之。俟雨下乃送回。”

祈龙求雨的仪式，各地大体相似，但也有些许差别。宁波瞻岐镇有请龙王的习俗：先遣人夜入龙王庙，用麻袋套住神像，抬到当地庙内供奉，称“偷龙王”。若数日后仍不下雨，则把神像置于烈日下，让“龙王”尝一尝久旱不雨、烈日暴晒之苦。但又恐晒坏神像，于是会给神像戴笠帽、披蓑衣，称“晒龙王”。再不下雨，人们便会相约往“龙潭”请龙求雨。事先遣人鸣锣通告“禁涂”（禁止下海涂捕捞），不准鱼虾上市，各家“净灶吃素”，对食荤者加以处罚。请龙队伍以大纛为先导，铳、锣随之，“龙亭”“神轿”在后，乐器吹奏，念伴敲打祈

① 《芮城县志》，民国刻本。

念，村民多至二三千人，排成的队伍长达三四里。瞻岐附近称龙潭者有四处，但当地农民却信仰远在镇海三山岩头龙潭的“老龙”。午夜出发，人们抵达后供祭潭边，双手合十跪地，念诵“龙王经”，请“龙”显身。此时已派好数名青年，手持捞具环潭侍立，一见水上有浮游动物，立即将“龙王”网住，请入“圣瓶”。随后族长许愿，如不日赐雨，即演戏“谢龙”。迎归后供祭在庙内神座前的神案上，昼夜有人轮流“值圣”，族内大户轮供“圣头饭”，每日上香祭供三次，谓之“侍雨”。如久旱逢雨，适降甘霖，则视为“灵验”，开演“谢龙”戏、行纸会，最后送回龙潭。有些地方会略有不同，“请龙”时由族长在潭边且念且跪，用铜锣从潭中兜起浮游动物；也有的地方凡加入请龙队伍的人，皆手执小旗，烈日晒头，不得戴草帽，脚穿草鞋或蒲鞋，表示虔诚，以感动“龙王”。

除向龙神求雨之外，还有不少别具一格的地方求雨风俗。山西祁县一带流传的“七女祈雨法”就是其一。在祁县，每逢天旱不雨，村里便会挑出七个品性优良、家门兴旺的少女来求雨。具体做法是：从七个少女家收集蜡烛和炉灰，用水调稀，在村中找一块光亮的方形石头，将蜡烛泥涂抹其上。上面再放上一个盛满清水的大水罐，七个少女排成行，一边扶着罐子的边沿，一边转圈行走，嘴里还念念有词：“石头姑姑起，上天把雨下。三天下，唱灯艺，五天下，莲花大供。”村庄的求雨愿望就由这七个少女代为向龙神传达。

（三）规避鼠患虫灾的求吉巫术

除水旱灾害，鼠患和虫灾也是农民经常要面对的严峻考验。虫鼠不仅啃噬掉了丰收的希望，甚至连人的生存也会因此而面临危机。为了应对这些灾害，古代的人们一方面倾尽其所能劳作，一方面虔诚地为各种虫神立庙供奉，祈求怜悯。平日里也时刻注意着自己的一举一动，牢记禁忌，不使自身成为虫灾、鼠患发生的源头。很多行为并不见得有多少实际的效用，但从信仰的层面来说，却表现了古代的人们驱邪趋吉的美好心愿。

唐代农书《四时纂要》中就记载有以巫术的方式避免虫害的方法。如在“正月旦鸡鸣时”[①]，用火把遍照五果及桑树，则果树一年不会生虫。如果该年有桑树生虫害，则“元日照者，必免也”。另外，还有的说法是要牵一匹马到谷堆旁，并让马吃上几口。据说以马吃过的谷子为种，可以不生黏虫。旧时的人们正是通过恪守禁忌来禳除可能出现的灾祸。

虫灾中尤以蝗灾为最。据统计，从公元前707年到中华人民共和国成立前的两千多年当中，就有将近八百次蝗灾发生，平均四到五年就有一次大的蝗灾。《农政全书》说：“凶饥之因有三，曰水、曰旱、曰蝗。”[②]其中蝗灾比水旱还严重。因为“地有高卑，雨泽有偏被，水旱为灾，尚多幸免之处；惟旱而蝗，数千里间草木皆尽，其害尤惨，过于水旱也”。所以江浙地区在很多年前曾有一首民谣：“旱死三千高田，还有三千低田；淹死三千低田，还有三千高田。蝗虫来了实可怜、实可怜！”意思就是：旱了，水地还可以有收成；淹了，旱地还可以有收成。但是蝗虫来了，就什么都没了。蝗灾给地方带来的灾害是毁灭性的。如唐德宗贞元元年（785年），蝗灾遍及整个黄河流域，“东自海，西尽河、陇，群飞蔽天，旬日不息，所至草木叶及畜毛靡有孑遗，饿殣枕道”[③]。蝗虫所到之处，不仅庄稼，连牲畜的毛，甚至小孩的耳朵都被害虫咬掉了，人没有食物可吃，只能饿死路边，那种景象可谓惨不忍睹。

古人相信蝗灾可以通过作法禳除：“荆州有帛师，号法通，本安西人。少于东天竺出家，言蝗虫腹下有梵字，或自天下来者，乃忉利天梵天来者。西域验其字，作木天坛法禳之。”[④]当时的人们还相信“虫

① 韩鄂原编，缪启愉选译：《四时纂要选读》，农业出版社，1984，第1页。
② 徐光启著，陈焕良、罗文华校注：《农政全书》，岳麓书社，2002。
③ 欧阳修、宋祁：《新唐书·五行志》，中华书局，1975。
④ 李昉、扈蒙、徐铉等：《太平广记·卷四七七·昆虫》，中华书局，2013。

食谷者，部吏所致，侵渔百姓则虫食谷”。[1]人们相信这些虫是由侵扰百姓的部吏所化，“虫身黑头赤，武吏也。头黑身赤，儒吏也”。因而有所谓修福以禳灾的习俗。张鷟在《朝野佥载》里还记载了一个唐太宗吞蝗虫的故事：“昔文武圣皇帝时，绕京城蝗大起，帝令取而观之，对仗选一大者，祝之曰：‘朕刑政乖僻，仁信未孚，当食我心，无害苗稼。’遂吞之。须臾，有鸟如鹳，百万为群，拾蝗一日而尽。此乃精感所致。”[2]

正因为蝗虫给古人的生活造成了如此大的危害，所以古人将其奉为虫中之皇，除了用巫术禳除，人们也向能够掌控这些虫子的神灵们祈求保佑。旧时民间盛行的刘猛将军庙、八蜡庙和虫王庙就是祭祀虫神、祈求稼穑丰收的地方。

北京郊区的蝗庙中就塑有蝗神之像：蝗神手拿一个瓶子，瓶上有盖，瓶里边装的全是害虫。据说，如果人们对蝗神不恭敬或者官僚腐败、政治不清明，那么蝗神就会把盖子打开，让各种各样的害虫飞出来危害庄稼。

刘猛将军是被记载在国家祀典里的驱蝗神，在山东、河北、江浙等地区广为民众所崇信。民间所奉的刘猛将军，其实不是姓刘名猛，而是一位刘姓的勇猛将军。至于到底是历史上哪一个刘姓将军，众说不一。清代的姚福钧认为刘猛将军即宋将刘锜，《清嘉录》称刘猛将军是刘韦合，《柳南随笔》称其是刘宰，众说纷纭。总体来看，以上提到的这些人在世时大多灭蝗保稼有功，因而死后被各地百姓奉为“虫王爷”，享受人间香火。时人认为，凡是有虫王神所在的地方就能够不受虫灾的侵害。两江总督查弼纳在雍正三年（1725 年）所上的奏折里说，江南地区只要有刘猛将军庙的地方，就没有蝗蝻之害；而那

---

① 李昉、扈蒙、徐铉等：《太平广记·卷四七七·昆虫》，中华书局，2013。
② 张鷟：《朝野佥载》，中华书局，1979，第 169 页。

些未曾为之立庙的地方，往往不能躲避蝗灾。所以雍正帝在畅春园里建刘猛将军庙，并敕谕山东、山西、河南、江南等地都要为刘猛将军立庙。其实，蝗灾泛滥与当时人口地理环境的变化有着直接关联。明代农学家徐光启在《除蝗疏》中曾指出："蝗之所生，必于大泽之涯，然而洞庭、彭蠡、具区之旁终古无蝗也，必也。骤盈骤涸之处，如幽涿以南，长淮以北，青兖以西，梁宋以东诸郡地，湖濼广衍，旱溢无常，谓之涸泽，蝗则生之。"[①]清代中期之后，随着人口的增加，经济结构日益复杂，生态环境越来越恶化，自然灾害频仍，民众的生存受到很大的威胁。为了保证地方稳定，官员们希望通过有力的措施减少灾害的发生，于是祈祷虫神，试图把灾害减小到最低限度。也因为此，刘猛将军在清代频繁得到加封。咸丰七年（1857年），加封号"保康"；同治元年（1862年），加封号"普佑"，七年加封号"显应"；光绪四年（1878年）加封号"灵惠"，五年，加封号"襄济"，七年，加封号"翊化"，十二年，加封号"灵孚"。此外，为了讨好虫王，在正月十三，传说中刘猛将军诞辰这一天，不仅民间要举行热闹的迎神赛会，地方官员们也要到刘猛将军庙致祭，迎合虫王的喜好，避免虫灾祸害。

八蜡庙也是民间祭祀虫神的主要地方之一。所谓八蜡，指的是周朝就已经开始享受年终祭祀的八种神灵：一为先啬（神农）、二为司啬（后稷）、三为农（田地）、四为邮表畷（阡陌）、五为猫虎（禽兽）、六为坊（堤防）、七为水庸（沟渠）、八为昆虫（螟蝗）。[②]古人将祭祀八蜡称为"大蜡之礼"，魏晋唐宋时仍然延续，至明清时代才逐渐式微。现在虽然民间已经没有每年腊月祭祀八蜡的仪式，但八蜡庙却随处可见。八蜡之神无所不主，昆虫只是其中一种，但是由于虫害是影

① 徐光启著，陈焕良、罗文华校注：《农政全书》，岳麓书社，2002。
② 参见郑玄注，孔颖达疏：《礼记正义》卷二十五，中华书局，1977。

响农业收成的重要因素，因此民间很多人将八蜡庙当作祭祀虫王之地，八蜡庙逐渐成为祭祀蝗神的庙宇。明代嘉靖十五年（1536年），即墨地区发生了非常严重的蝗灾，当地邑侯因而立八蜡祠祀神，“肖八神之像于中”①。万历三十三年（1605年），“（长清）四境螟蝗云集蔽空，蚕害嘉禾，公（县令曹一兰）斋宿诣祷（八蜡神祠），蝗不入境”②。清代康熙六年（1667年），堂邑县出现大群飞蝗，当时的邑令张茂节祝祷于八蜡庙中，同时严厉督促杀灭蝗虫，最终作物才得以保全。由以上例证可见，以八蜡神为驱蝗神的认识在古时已经深入人心。康熙初年，日照县“邑南偏建有八蜡神庙，以为专主蝗虫之出没，灵应异常，相沿供祀非一日焉”③。当时人们普遍坚信“蝗虫之出没，实八蜡之专司，吾照居民所以捍灾者在此，所以御患者在此”④。可见时人对八蜡庙以及其中神明的信仰之重。明中后期以来，八蜡的主要功能被定格在驱蝗上面，因此在民间拥有不少支持者，此后，山东各地的八蜡神庙时常被修葺，蝗神信仰弥久不衰。

其他如青苗神、蝗蝻太尉、金花娘娘等虫主神也在不同的地域受到人们的祭拜。与此同时，其他手段也被利用在驱逐虫患的活动中。西南少数民族地区的火把节就与以火防灾有关。至今，当地人在过火把节时还会举着火把到田间、地角游行，目的是驱虫防灾。

清代纸马《青苗神》

鼠灾对农业生产也会产生巨

① 《即墨县志》，清乾隆刻本。
② 《长清县志》，清道光刻本。
③④ 《日照县志》，清光绪刻本。

大的危害，正史中历来不乏对鼠灾的记载，如：

春秋鲁成公七年（前584年）正月，鼷鼠食郊牛角；改卜牛，又食其角。……定公十五年（前495年）正月，鼷鼠食郊牛，牛死。……哀公元年（前494年）正月，鼷鼠食郊牛。……昭帝元凤元年（前80年）九月，燕有黄鼠衔其尾舞王宫端门中，王往视之，鼠舞如故。王使吏以酒脯祠，鼠舞不休，一日一夜死。……成帝建始四年（前29年）九月，长安城南有鼠衔黄蒿、柏叶，上民冢柏及榆树上为巢，桐柏尤多。巢中无子，皆有干鼠矢数十。时议臣以为恐有水灾。①

陈祯明二年（588年）夏四月戊申，有群鼠无数，自蔡州岸入石头渡淮，至于青塘两岸，数日死，随流出江。②

唐贞观十三年（639年），建州鼠害稼；二十一年，渝州鼠害稼。

高宗弘道元年（683年），梁州仓有大鼠，长二尺余，为猫所啮。少选，聚万余鼠，州遣人捕击杀之，余皆去。

中宗景龙元年（707年），基州鼠害稼。

玄宗开元二年（714年），韶州鼠害稼，千万为群。

唐懿宗咸通十二年（871年）正月，汾州孝义县民家鼠多衔蒿刍巢树上。③

僖宗乾符三年（876年）秋，河东诸州多鼠，穴屋、坏衣，三月止。

除了使用有效可见的手段捕捉击杀老鼠，古人还会利用巫术的手段驱除鼠害。唐代著名农书《四时纂要》中就记述了时人驱除鼠害的一些风俗。每当夏历十二月，人们便会捕捉老鼠，斩下它们的尾巴。

① 班固：《汉书》，中华书局，2007，第232、233页。
② 姚思廉：《陈书·本纪第六》，中华书局，1972。
③ 欧阳修、宋祁：《新唐书·五行志》，中华书局，1975。

到来年正月一日，太阳未出时，一家之长于蚕室祝祷曰："制段鼠虫，切不得行。"重复三遍然后将其置于壁上，以求永绝鼠患。另一种是在正月的辰日这一天，将鼠洞塞住，老鼠就会自己死去。此外，还可以在三月庚午这一天，割下老鼠尾巴，将血涂抹在屋梁上，这样也可以起到避鼠的作用。《酉阳杂俎》还介绍了一种"厌鼠"的方法："七日，以鼠九枚置笼中，埋于地，秤九百斤土覆坎，深各二尺五寸，筑之令坚固，《杂五行书》曰：'亭部地上土；涂灶，水火盗贼不经；涂屋四角，鼠不食蚕；涂仓，鼠不食稻；以塞埳，百鼠种绝。'"①

无论是虔诚地向神灵祈求祷告，还是采取巫术手段，其所体现的都是对于丰收的渴望。五谷丰登才能衣食无忧，衣食无忧才能安居乐业。所以祭祀神灵与巫术禳除不仅成为土地上兢兢业业耕耘的农人的日常活动，同时也受到各级地方官员的支持与保护。因为在这些信仰活动的背后，是人们对于农事和谐的吉祥期盼。

二、蚕事活动中的吉祥信仰

耕织自足是农业社会的显著特点。中国是最早养蚕取丝的国家，在传统农业社会的经济结构中，蚕桑活动占有重要地位，它与农事活动一样，是中国传统社会的一大支柱。所以自古以来，人们就习惯将蚕事与农事紧密相连，蚕农、蚕穑等词语中将二者相提并论正是此意，这些词语也成为农活儿的泛指。早在《诗经·豳风·七月》中就已经有了关于女子采桑养蚕制衣的记述："春日载阳，有鸣仓庚。女执懿筐，遵彼微行，爰求柔桑。春日迟迟，采蘩祁祁。……蚕月条桑，取彼斧斨，以伐远扬，猗彼女桑。七月鸣鵙，八月载绩。载玄载黄，我朱孔阳，为公子裳。"②

① 段成式著，方南生点校：《酉阳杂俎·卷五·怪术》，中华书局，1981。
② 王秀梅译注：《诗经·豳风·七月》，中华书局，2006。

处于温带地域的中华大地，只有农事、蚕事无灾无祸，黎民百姓才能够温饱度日，才有可能衣食无忧。所谓“伏寻三吴内地，国之关辅，百度所资。民庶凋流，日有困殆，蚕农罕获，饥寒尤甚”①，可见蚕事在中国农业社会中的巨大作用。

（一）蚕事活动的庇护者

蚕事的辛苦和劳累程度一点也不亚于农耕，但从事养蚕工作的大多是妇女。蚕种很娇贵，怕风、怕高温、怕虫蚁、怕老鼠，所以养蚕人要专门给蚕搭建蚕室以防虫鼠。每逢蚕事，养蚕人每晚都要起身数次到蚕室去照应，喂桑叶、分盘、打扫，就像照看婴儿一样昼夜不息。“粉色全无饥色加”，“年年道我蚕辛苦”（杜荀鹤《蚕妇》）②的诗句，生动地描述了养蚕的艰辛。颜延之在其作《庭诰文》中也曾经提到人们在选择职业的时候往往会避开辛苦的农业和蚕事劳作，而去选择出力少、获利高的行当。这样一项既重要又辛苦的工作，其从事者当然希望自己的劳动能够得到满意的回报，而难以预测的灾祸又使得每年的蚕事活动有着不可避免的风险。为了尽可能地免除风险，获得利润，在蚕事活动中就要牢记各种各样的禁忌，或者供奉直接管理该项活动的神灵，祈求蚕事顺利，获得丰收。这就是蚕事活动中体现出的吉祥信仰。

历代的统治者对于蚕事的关心从不次于农事活动，可见蚕事在百姓的基本生活中的重要程度。在国家一级的祭祀中，“祠先蚕”是一项必不可少的仪式。《后汉书·礼仪志上》就明确记载了祭祀时的仪轨：“祠先蚕，礼以少牢。”③《汉官旧仪》有载：“春桑生而皇后亲桑于苑中。蚕室养蚕千薄以上。祠以中牢羊豕，祭蚕神，曰苑窳妇人、寓氏公主，凡二神。”④不同的王朝对于蚕神身份的定位也不一样，北齐时官方确

① 萧子显：《南齐书·卷二十六·王敬则传》，中华书局，1996。
② 彭定求等：《全唐诗》第693卷第011首，上海古籍出版社，1986。
③ 古代祭祀中用羊、豕各一者，叫作“少牢”，在祭品的规格中低于“太牢”。
④ 卫宏：《汉官旧仪 附补遗》，中华书局，1985。

定黄帝为蚕神，北周改祀黄帝的元妃西陵氏（嫘祖）为蚕神，这些均可见于官方祀典。在皇都城邑，还建有专门祭祀用的先蚕坛。规制严格，高一丈，方二丈，四周出陛，广五尺。此外，古代宫廷中还要选出特定的女官来管理天下蚕事，她们被称为“蚕母”。“汉仪皇后亲桑东郊苑中……，取列侯妻六人为蚕母。”[①]由此可知在最高统治者心目中蚕事的重要程度。

民间对于蚕神的认识则带有更多的人性化色彩。民间蚕神的称谓有蚕花娘娘、蚕女、马明菩萨、马头娘等，其渊源大约可以追溯到《山海经》中记载的那个“欧丝”的女子，书中说：“欧丝之野大踵东，一女子跪据树欧丝。”“据树欧丝”正是蚕的现实写照，而这位女子也就成为蚕神的最早雏形。那么蚕又是如何与马联系起来的呢？《荀子》中说：“此夫身女好而头马首者与？”意思是蚕柔软而其头好似马首。其柔婉的身姿令人以为其为女身，而头部的形状则使其与马有所关联。后人据此将蚕与马相糅合，造出了人身马首的蚕马神，其故事最初出现在干宝《搜神记》中。

旧说太古之时，有大人远征，家无余人，唯有一女。牡马一匹，女亲养之。穷居幽处，思念其父，乃戏马曰：“尔能为我迎得父还，吾将嫁汝。”马既承此言，乃绝缰而去，径至父所。父见马惊喜，因取而乘之。马望所自来，悲鸣不已。父曰：“此马无事如此，我家得无有故乎！”亟乘以归。为畜生有非常之情，故厚加刍养。马不肯食，每见女出入，辄喜怒奋击。如此非一。父怪之，密以问女，女具以告父必为是故。父曰：“勿言。恐辱家门。且莫出入。”于是伏弩射杀之，暴皮于庭。父行，女与邻女于皮所戏，以足蹙之曰：“汝是畜生，而欲取人为

① 房玄龄等：《晋书·卷十九·礼志上》，中华书局，1974。

妇耶！招此屠剥，如何自苦！”言未及竟，马皮蹶然而起，卷女以行。邻女忙怕，不敢救之。走告其父。父还，求索，已出失之。后经数日，得于大树枝间，女及马皮尽化为蚕，而绩于树上。其茧纶理厚大，异于常蚕。邻妇取而养之。其收数倍。因名其树曰“桑”。桑者，丧也。由斯百姓竞种之，今世所养是也。言桑蚕者，是古蚕之余类也。[①]

《太平广记》中也有关于蚕女的故事，故事里的女子化身为蚕后，父母悔恨不已，思念不止，后来就看见蚕女驾着一匹马，带着数十名侍卫，自天而降。蚕女对父母说：“太上以我孝能致身，心不忘义，授以九宫仙嫔之任，长生于天矣，无复忆念也。”[②]然后凌云而去。此后，百姓据此为之塑像，奉为蚕神。唐时，“蜀之风俗，宫观诸画塑玉女之像，披马皮，谓之马头娘，以祈蚕桑焉”[③]。

传说虞杭一带的蚕神还会于人家庭院中显灵。南朝宋东阳无疑在《齐谐记》中云：“正月半有神降陈氏之宅，云是蚕室，若能见祭，当令蚕桑百倍。”在《续齐谐记》和《荆楚岁时记》中，关于这类故事的记叙更为详细。有文曰：“吴县张成夜起，忽见一妇人，立于宅上南角，举手招成。成即就之。妇人曰：‘此地是君家蚕室，我即是此地之神，明年正月半，宜作白粥，泛膏于上，祭我也，必当令君蚕桑百倍。’言绝失之。成如言作膏粥，自此后大得蚕。今正月半作白膏粥，自此始也。”不过虞杭蚕神的形象与四川有所不同。清代《嘉兴府志》记载：“马头娘，今佛寺中亦有塑像，妇饰而乘马，称马鸣王菩萨，乡人多拜之。”虽然来源并不相同，但众多文献记载足以证明蚕神拥有大量的信众。

（二）丰富多样的蚕事祭仪

① 干宝：《搜神记》，岳麓书社，2015，第 128 页。

②③ 李昉、扈蒙、徐铉等：《太平广记》卷四七九，中华书局，2013。

自古以来，民间就普遍存在着蚕神信仰，祭祀蚕神的习俗也遍及各地。乡村小庙多有蚕神塑像，乡民们也会对蚕神进行集体性祭祀，如陆游《上巳书事》中的“得雨人人喜秧信，祈蚕户户敛神钱”一句，表现的正是每家出钱、共同祭祀蚕神的习俗。江南的很多庙会都以祭祀蚕神为主要内容，这类庙会被称为蚕花胜会。据传说，在浙江桐乡县的芝村，有一座规模非常大的龙船庙，也叫龙蚕庙。庙宇中前殿供奉四大天王，后殿主祭“马鸣王菩萨”。塑像是一个坐着的女子，旁边立着一匹马。当地人说她是宋代敕封的“马鸣大士”，到清代又被加封为“先蚕圣母”，是桐乡、崇德一带的蚕农普遍信奉的蚕神。每年的清明时节，各个村落会联合起来在水上举行祭祀蚕神的盛会。迎神会从清明当天开始。早上，人们会将马鸣王神像从庙里移出，放到船上，所有参加迎神会的船只聚集在一起朝拜蚕神。然后，各村的船上就有人开始表演自己的拿手节目：龙灯船以展示各类灯为主；台阁船以儿童扮彩表演为主；标竿船上有惊险的动作表演；打拳船表演各种拳术，等等。附近的开阔河面上还会进行“摇快船”比赛。赛会一般举行三到七天，其间船上岸上游人如织，数里河岸摆满茶棚、酒肆和货摊，鼓乐喧天，异常热闹。

有些养蚕人会在自己家里供奉马头娘的神像，不时祷告，以求蚕事的丰收。嘉兴地区，蚕事活动开始之后，几乎每个生产环节都需要祭祀。据光绪年间《石门县志》记载：“民间蚕时，事蚕花五圣极虔，每眠必祀，至大眠或以鸭鹅祀之……”《长水竹枝词》曰：“蚕眠桑老红闺静，灯火三更作茧圆。”[①]说的是在蚕三眠后做名曰“茧圆”的小粉圆，用来祭祀马头神。这种习俗一直延续到民国初年，后来逐渐简化为一年两次，第一次在蚕事之初，祭蚕神求其保佑，叫作“接蚕花”；另一次则是在采茧后，酬神还愿，叫作“谢蚕神”。无论是接蚕花还

① 雷梦水、潘超、孙忠铨、钟山编：《中华竹枝词》，北京古籍出版社，1997。

是谢蚕神，都有隆重的仪式。其仪式由赞神歌手主持，主要的活动是诵唱“蚕花歌”。不同地方的蚕花歌歌词不一样，比如，“蚕花马、蚕花纸，头蚕势、二年势，好得势”“称心如意，万年余粮”“采取好茧子，踏得好细丝，卖得好银子，造介几埭新房子”，等等，唱法不一。唱完后，女主人恭敬地将祭祀之物收藏好，将蚕花马、蚕花纸供奉于灶间，“接蚕花”的仪式就完成了。待收茧缫丝，要举行“谢蚕神”的祭祀仪式。在“谢蚕神”的仪式上，蚕农一般是以酒食祭神，祭祀完毕全家聚餐，这叫“吃蚕花饭”。也有的地方会在端午节前后谢蚕花，姑娘们集中在水边进行“豁蚕花水”的游戏。蚕花纸、蚕花马会在腊月二十三送灶时与灶神纸马一并焚化。在海宁、海盐等地，很多村庄会在清明前后或者是收茧之后演蚕花戏。蚕花戏的戏资由全村人分摊，雇请皮影戏艺人来村表演，全村人聚集观看。每年蚕花戏的最后，都要加演一段《马鸣王菩萨》，纸幕上出现一个骑马奔驰的女人，艺人同时演唱包含着古老的蚕桑神话的《马鸣王菩萨》唱段。演出结束后，蚕农还会向皮影戏艺人讨一点做纸幕的绵纸，也就是俗称的“蚕花纸”，用来糊蚕匾，据说这样能够让蚕事丰收。演皮影戏时点灯用的灯芯，叫作“蚕花灯芯”，皮影艺人也会将其分赠给蚕农，蚕农相信将蚕花灯芯放到蚕室里，就能确保蚕事顺利。

祭祀蚕神的日子很多，其中蚕神生日（每年的农历十二月）最为重要。浙江地区桑蚕历史悠久，每年的农历十二月蚕神娘娘生日之际，几乎各家各户都要祭祀蚕神。在这一天，蚕农家里的女人们需要早起碾米磨粉，然后将米粉搓成白色小团子，这种团子形状像蚕茧，俗称“蚕生元子”。女人们会一边将元子上锅蒸煮，一边祝祷：“今年生日粉茧大，来岁山头十万颗。”祀蚕神通常从傍晚开始，人们首先会在灶台上或者墙上张贴蚕神娘娘的画像，其下供奉蒸好的蚕生元子与时鲜果品，然后全家祭拜蚕神娘娘，求其保佑来年“蚕花廿四分”①。条件好一点的蚕农，还会在这一天请民间艺人来家里唱花蚕（即唱蚕花歌）、演皮影戏等，颇为热闹。第二天，蚕农会把祭神的蚕生元子送给亲朋好友，与他们分享盼望蚕事丰收的美好心愿。收到礼物的亲朋则回赠面条，寓意长长久久。“吴兴以四月为蚕月，家家闭户，官府勾摄征收及里间往来庆吊，皆罢不行，谓之蚕禁。”②桐乡蚕农在清明节做生粉团子馈赠亲邻，寓意“越生越多”。海宁的一些地方也在清明节做茧圆，颜色有青有白，前者代表桑叶，后者代表蚕茧，当地人俗称“吃青还白”（即食桑吐丝），用这样的方式企盼蚕事顺遂。可见，为了蚕事的成功，人们想尽了办法，极尽所能地保护自己辛勤劳作的成果，祈求丰收。

小校场年画《蚕花茂盛》（局部）

江南有一旧俗，每年农历十二月二十五日以麻浸油，缚长竿上，燃成火炬遍照田野，祝来年蚕丝谷物丰收，俗称“照田蚕”。在养蚕

① 过去认为收成最好是十二分，“廿四分”是指双倍丰收之意。
② 谢肇淛：《西吴枝乘》，转引自陶宗仪《说郛三种》，上海古籍出版社，2012。

过程中，农户还要遵守严格的禁忌，最重要的一条就是邻里间不能串门，甚至连各种庆吊活动都须取消或延期。正如范成大《晚春田园杂兴》诗中云："三旬蚕忌闭门中，邻曲都无步往踪。"[①]这种蚕禁习俗至明代还依然保留。

三、与水相关的平安祈愿

水是生命之源，人总是临水而居。尤其是上古时期的先民，只能靠沿河汲水为生，人们的生活无法远离江河湖泊。哪里水资源丰富，哪里就会成为人类的聚居中心，进而孕育文明。重要的人类文明发祥地都是深泽广布、河流交汇纵横之处。但是，在滋养人类文明的同时，水也会给人们带来巨大的灾难。各民族的历史上都有着关于洪水的神话与传说，以隐喻的方式告诉后人水的巨大破坏力。因而，关于水神的崇拜可以说各处皆有，人们虔诚地祈祷，求水神保佑免于灾难，带来福泽。在中国，各地都有香火旺盛的水神庙宇，水神享受着官方和民间的祭祀。不过，水神崇拜最流行的地区，还应该算是那些濒海沿江的地区，那里深受江河湖泊的影响，其生产和生活对于水的依赖更甚于他地。人们对于水神的崇拜，有着极强的趋吉避凶的心理诉求。水能安居故道，不成水患，不扰民生，便是吉祥征兆。

远古时代，先民的观念中有众多的水神。为了便于随时随地地向水神祈祷，人们在各处设立水神，只要有水就有水神。这些神灵就如同人间官员，各管一方，职司分明，掌握着不同地方人们的生存命脉。神灵们也都有自己的名号，充分展现了人们对其的尊崇。仙、神等是最为常见的名号。如水仙，传说是"屈原以忠见斥，隐于沅湘……被

① 范成大：《范成大诗选》，人民文学出版社，1997。

王逼逐，乃赴清冷之水。楚人思慕，谓之水仙”[①]。又如水伯，《山海经》认为：“朝阳之谷，神曰天吴，是为水伯。”此外，还有水君、水母、龙王等名。在古籍与百姓的传承中，诸水神都有自己的名讳。南海之神叫祝融，东海之神叫勾芒，北海之神叫玄冥，西海之神是蓐收，长江神叫作奇相，河伯名为冯夷，等等。这些神灵的神性有善有恶，善的普降福泽，保佑人间平安；恶的兴风作浪，为非作歹。其中夔龙、蛟龙就是为恶的水怪。为了祈求水神保佑风平浪静，在先秦时期祭祀水神就已经形成了一定的规则。如凡是天下的大江大河，都由天子来主持祭祀；诸侯则负责祭祀自己辖境内的江河。《左传》记载了这样一个故事：楚昭王患病，经过占卜，断定是黄河河神作祟。大臣们请求昭王在都城的郊外祭祀河神，楚昭王不答应。他的理由是，按照古来的祭祀规矩，楚昭王只应祭祀其境内的江、汉、睢、漳等江河，而不应远祀与楚国毫不相干的黄河。古代祭祀水神，除斋戒祷祠外，主要使用沉祭的方式。据一些古书记载，帝尧曾经将玉璧沉于洛水，以祭祀洛神。秦始皇统一六国后，首次到南方巡游，渡过长江时，也把玉璧沉入江中祭祀江神。除玉璧之外，牛羊也常作祭品之用。据甲骨文记载，商代也用“人牲”来祭祀河神。作为牺牲的人，自然是女子。后世亦有沿袭，“河伯娶妇”的故事，就是最好的证明。

> 魏文侯时，西门豹为邺令。豹往到邺，会长老，问之民所疾苦。长老曰：“苦为河伯娶妇，以故贫。”豹问其故，对曰：“邺三老、廷掾常岁赋敛百姓，收取其钱得数百万，用其二三十万为河伯娶妇，与祝巫共分其余钱持归。当其时，巫行视小家女好者，云‘是当为河伯妇。’即聘取。洗沐之，为治新缯绮縠衣，闲居斋戒；为治斋宫河上，张缇绛帷，女居其中，为具牛酒饭食，行十余日。

---

① 王嘉撰，萧绮录：《拾遗记》，上海古籍出版社，2012，第66页。

共粉饰之，如嫁女床席，令女居其上，浮之河中。始浮，行数十里乃没。①

在很多少数民族的信仰习俗中，水神也占有重要地位。四川白马藏族人相信凡是有河流、湖泊或泉水的地方就一定有水神存在。每年正月初一头遍鸡叫时，各家各户就会在门前点燃一堆柴火来敬神，祈求作物丰收。之后就去河边取水，取回后在屋内屋外一边洒水一边呼喊祖先的名字，吟唱水歌。这种仪式叫“祈水”或“供水”。居住在文县、南坪县一带的藏族妇女，会在腊月三十之前将水缸、水桶装满，大年初一的早晨，任何人不得从外面取水。这种做法的含义是让水神休息过节。当地人祭祀水神的仪式相对简单，每家每户派一个人到河边、湖边或泉边，烧香焚纸，跪拜水神，祈求一家人平安康健。藏族人祭祀水神的日子是不固定的，可以选在正月初一到初四的任何一天。

有的藏族部落生活在高山之间，比如纳木依部落，他们受到水灾危害的可能性其实并不大，不过在该部落中仍然有不少人信仰水神。虽然后来当地祭祀水神以消除水灾的习俗不再盛行，但很多人仍然相信如果人们在外出时因为饮用了生水得了病，那一定是触犯了水神，因而在这些部落中，祭水神求医治病的活动一直延续。

对于以水为生的渔民船家来说，渔获满载、远航平安是他们对掌管水域的神灵最为集中的祈愿。值得注意的是，不同水域的居民有着不同的神祇信仰：沿海地区的妈祖应该是影响巨大的海洋之神；黄河和运河中遨游的金龙四大王无疑是当地人诚心祭拜的对象；而湖南、湖北一带则是大庙不离洞庭王爷，小庙不离杨泗将军；钱塘江流域各府州县的宣灵庙，其中供奉南宋初年的周缪宣为宣灵王，宣灵王是专司风雨之神。不仅渔民们会在船上供奉着水上神灵画像，就连出行走水路的戏班也会祭祀他们。各式各样的水上神灵佑护着渔家儿女和水

① 司马迁：《史记·滑稽列传》，中华书局，1982。

上行船的商人船家，为其带来生活与财富的保障。

（一）安海静澜的吉祥愿望

从古至今，中国既是一个陆地大国，又是一个海洋大国，海岸线长度近两万公里，造就了广阔的沿海地区，造福了沿海而居的芸芸众生。海上，水气弥漫，水光交映多幻象，加之海上风浪变幻无常，出海的渔人常常是在浪尖上讨生活，时刻面临着危险，因此，沿海居民虔诚地信奉那些能够给予他们心灵安慰的各方神灵。《山海经》中就已经有了掌管各方海域的神灵。《大荒东经》有这样的记载："东海之渚中，有神，人面鸟身，珥两黄蛇，践两黄蛇，名曰禺虢。黄帝生禺虢，禺虢生禺京。禺京处北海，禺虢处东海，是惟海神。"《海外北经》说："北方禺强，人面鸟身，珥两青蛇，践两赤蛇。"《大荒南经》记载："南海渚中，有神，人面，珥两青蛇，践两青蛇，曰不廷胡余。"《大荒西经》中说："西海渚中，有神，人面鸟身，珥两青蛇，践两青蛇，名曰弇兹。"由此可见，每个神灵各有自己的职责范围。

汉朝以后，伴随着佛教在中国的兴起，龙王的形象日臻成熟，唐玄宗赐封号予四海龙王，最终确立了其职司为管理所有的海域。查看《新唐书·礼乐志》能够发现，对于四海龙王的祭祀制度在唐代已经确立下来。到宋元时期，依然沿袭唐代祭仪，时间为四立日。一直到明代才改为春季和秋季的仲月上旬某日。清朝时祭祀龙王的仪典规格很高，之所以隆重，是因为人们相信海龙王是海上的天子，掌控着出海渔民的生死祸福。试想一下，在汪洋大海中，风暴往往毫无征兆地突如其来，出海捕鱼的渔民，在这片上不着天下不着地的险恶海域中，又没有什么先进的船只与工具,其生命无时无刻不面临着极大的威胁，就好像俗话说的"三寸板内是娘房，三寸板外见阎王"。所以渔民只能向海龙王祷告，求其保佑自己的生命和财产安全。举例来说，古代舟山群岛的渔民们认为鱼虾应该算是海龙王的百姓，因此能否收获完全靠龙王恩赐。龙王不仅能够保佑他们避灾免祸，还能降恩赐福，保佑其生活顺遂。因此渔区百姓生活中流行着各种请龙王、谢龙王的习俗。

说起四海龙王的相貌和性格，大部分人认为它们长相狰狞，性格暴戾。龙王虽然权势显赫，但因其经常兴风作浪，祸及渔人，在人们的头脑中往往以恶神形象出现，让人畏惧。人们不得不敬奉它们，但又不甘于只敬奉它们，于是婉约可亲的女性海神由此而生。

南海普陀观世音以其和善的形象逐渐压倒民众对四海龙王的崇拜，成为沿海居民祈祷求愿的女性海神。究其原因，渔民之所以信仰供祭龙王，大部分是迫于其权势，畏惧祸灾；而观音菩萨则不一样，唐代以后，逐渐中国化的南海观音，以温婉的女神形象示人，性格和善，乐于助人，常常救渔人舟子于巨浪狂风之中。据说观音佛法广大，且无处不在，即呼即灵，这样一个善神与面目狰狞的龙王相比，自然更加受人敬爱，其影响力盖过四海龙王也就在情理之中了。

宋代以后，妈祖成为所有海神中影响力最为巨大的海神。妈祖又叫天妃、天后、海神娘娘。据《陔余丛考》记述，妈祖是五代闽王统军兵马使林愿第六女，生于五代后晋出帝石重贵天福八年（943 年），能乘席渡海，人称龙女。宋太宗赵光义雍熙四年（987 年）于湄州升化为神。她生前能在海上救人于危难之中，死后又曾穿红衣飞翔于海上，因而当地立祠祀之。通过这些传说可见，救助遇难商船、渔船是其最为神异的本领，也是人们崇拜她的直接依据。南宋绍兴、淳熙年间（约 1150 年—1190 年）莆田一带已经有了她的神庙，称“林夫人庙”，不知立庙何年，庙宇不甚广大，但以灵异著称。这时的妈祖，已经成为海上行船的保护神。只要商船入海，出海之人一定要到这里来祈祷，在神前求占卜，看卜兆凶吉，祈求神灵保佑，才敢出海航行。如果海上航行时遇到狂风大作，就拜求妈祖显灵于桅樯，保护航船。不少史书中都记载有妈祖的“事迹”。《三教源流搜神大全》记载，明朝郑和下西洋之前，为保证航行安全，船队的出行日期定在永乐三年（1405 年）农历三月二十三日之后，因为那天是浏河当地祭拜天妃的日子。不仅如此，在其船队航行途中，还不断祭祀沿途的天妃庙，据说因此得到妈祖护航，一路平安。太仓的《通番事迹碑》和南京的《天妃宫碑》等碑文均记此事。《清朝文献通考》载，康熙朝征台湾时也全仰赖天妃，据说天妃令潮起云涌，帮助清军攻克厦门，平定台湾。此外，在保驾护航的功能上，天妃的神职还在不断扩大，增加了许多新的功能，如孕育子嗣、保佑孩童等，各地的妈祖庙、天后宫除祈祷航海平安外，也多有妇女前来求子许愿。

古代，统治者为表示对妈祖的敬重，不断地给妈祖添加封号，最早只称其为“林夫人”，南宋高宗赵构绍兴二十六年（1156 年）封其为“灵惠夫人”，宋理宗赵昀景定二年（1261 年）改封其为“灵惠显济嘉应善庆妃”；元世祖忽必烈改封其为“天妃”，至正十四年（1354 年）加封其为“辅国护圣庇民广济福惠明著天妃”；明朝洪武皇帝敕封其为“昭孝纯正孚济感应圣妃”，崇祯朝改封其为“天仙圣母青灵普化碧霞元君”，后又加“静贤”“慈应”等封号；清康熙改封其为“昭灵显应仁慈天后”。由此，妈祖一步步登上最高神位。不过，东南沿海的居民还是习惯将这位女神称为“妈祖”（这原是闽人对身居娘家未嫁女的称谓），而不使用官方封号。据传每逢海事召唤女神时，呼妈祖则女神披发跣足而来，如渔家女，立显灵验；如呼天妃或天后，则女神必着凤冠霞帔而来。妈祖神祭日不等，有的地方如山东沿海以每年农历正月十六为天后诞日，

福建莆田妈祖塑像

历来有庙祭会期；又有的以农历三月二十三日为圣诞，如天津于是日举行庙会。

随着妈祖影响力日渐扩大，其管辖范围也相应扩大，逐渐从最初的东南一隅扩展到广大沿海地区以及内河地区，成为水运、渔业及一般民众供奉的保护神。旧时大江南北，到处可见天后宫、天妃庙、妈祖庙。在太湖流域，天妃信仰也是非常普遍的。太湖地区水域浩渺，水上的狂风巨浪、岸边的干旱洪涝往往不期而至，给渔人甚至是岸上的百姓带来巨大灾难。为了保佑丰收并避灾免祸，当地百姓定时进行祭神活动，规模很大。祭祀的神其中就包括了神通广大、法力无边的妈祖。祭祀妈祖是太湖流域渔民的一大盛事。查阅当地县志可以发现“三月二十三逢社祭，角头山下祭天妃”[①]的记载。当地传说农历三月二十三是天妃生日，也是渔民祭奠天妃的日子。角头山、西山堂里鹿嘴场、太湖南的大钱口都有天妃庙，明清至民国时期一直香火不断。

除女性海神之外，沿海区域还有很多其他的海神，他们有些是曾经的帝王将相、历史名人，有些就是本地先贤或者为民献身的普通渔人。这些神灵的具体职司各不相同：有的是潮神、鱼神，有的是礁神、岛神，还有的是船神、网神……功能多样，不一而足。渔人向他们奉献祭祀，目的不外乎祈求平安与收获。比如嵊泗列岛供奉的圣姑娘娘，就是一位礁神。过去凡是渔船路过，渔民一定会登礁祭拜，否则就会发生触礁、破网的事故。传说中，每逢大雾天或是风暴天气，圣姑娘娘就会提灯巡行，为航行的渔民标明方位及航向，让他们在恶劣天气中安全返港。在山东沿海，也有一位地方海神，俗称“赶鱼郎”，也有人亲切地称之为“老人家”或“老赵”，这位海神实际上就是鲸鱼。因为鲸鱼能够逐鱼入网，所以被认为能够“赶鱼”。在浙江舟山群岛的渔民群体中流行着鱼神崇拜。当船出外洋的时候，如果遇到大鱼，

① 《吴县志》卷八十二，民国刻本。

渔民就认为其是鱼神化身，纷纷撒米粒，赠船旗，并向其叩拜，求得鱼神的庇护。当地渔民把鲸鱼叫作“乌耕将军”，每当“乌耕将军”出现，就会鱼群涌至，这时渔民们就会敲锣打鼓放起鞭炮，同时举行盛大的仪典，祈祷海神赐福降吉，渔业丰收。

为了确保海上行船的安全，渔民和船员的信仰虔诚度非常高，即使在日常生活中，也会严格地遵守特定的禁忌，避免冲撞神灵，以使自己无灾无祸，平安喜乐。如在船上坐时忌讳双脚悬于船舷外，否则会“被水鬼拖脚”失去性命；把头搁在膝盖上、手捧双脚的姿势也是渔民所忌，因其态似哭，不吉利；在船头小便则有冲撞神灵的危险，亦不可为；船上吃饭，先吃鱼头，预示“一头顺风”，盘中的鱼不可翻身，亦不得先攫食鱼眼，因为这样隐喻“翻船”之意。还有，在渔民家里吃饭，不能把盛汤的汤勺反过来放，也是同样的道理。

（二）保佑漕运安宁的河神祭祀

辽阔的海上区域有了妈祖和诸位神通广大的龙王，航海人的生命和生计就有了佑护，而生活在河流两岸的居民，又是在谁的保护之下求得生活的幸福与安康呢？在远古时代，人们相信每条河流都有自己的神灵，这些神灵一般被称为“河伯”，这些河伯性情不一，有的贪婪，有的暴虐，为了讨好它们，人们想尽了办法，每年向其供奉牺牲，求得保佑，甚至以人作为牺牲，换取河伯的庇佑。

这些掌管内陆河流的神灵中影响最大的当数明清以来逐渐兴起的金龙四大王。金龙四大王是江淮至北方水上人家公认的水神，有“北方河道尊神”之称。《陔余丛考》说：“江淮一带至潞河，无不有金龙大王庙。”[①] 清代《金壶七墨》中亦云：“金龙四大王，北方舟子皆敬之。”[②] 其中漕运河道——大运河和黄河上的船工与漕运者尤其景仰之。其实，

① 赵翼：《陔余丛考》，河北人民出版社，1990，第 626 页。

② 黄钧宰：《金壶七墨》，民国影印本。

对金龙四大王崇拜的最初起因就是出于宫廷和官府对漕运顺畅的平安诉求。

漕运利用水道运输粮食。古代中国，朝廷会按照需要将征收的粮食运往各地，满足宫廷、官员、军队和百姓的需求。漕运起源于秦朝。据说秦始皇当年北征匈奴，就曾将山东沿海的军粮通过漕运运抵北河（今内蒙古乌加河一带）。汉代建都于长安（今陕西西安），每年也是通过漕运将黄河流域的粮食输送至关中。隋朝初年，中央除了从东往西调运粮食外，也依靠长江水路运粮北上。隋炀帝时期，更是动用了大量人力挖掘通济渠，连接黄河、淮河与长江三大水系，最终沟通了南北新航道，为后世的大运河奠定了基础。唐宋以降，历朝历代都十分重视漕运，因为漕运一方面保证了北方的粮食供给，另一方面促进了南北商贸的繁荣。漕运对于整个国家的地位如此重要，而其对于河流的依赖程度又是如此之深，每一条介入漕运的河流都直接关乎国家的安危,致使统治阶层不得不花费大量的人力物力来保障其通畅无阻。但科学和技术的落后,使得人们在控制河流水利时常常感到无可奈何，于是，一个在运河和黄河上驰骋遨游的神灵——金龙四大王就这样被创造出来并开始享受人们的祭礼和膜拜。

“金龙大王，姓谢名绪，晋太傅安裔。金兵方炽，神以戚畹，愤不乐仕，隐金龙山椒，筑望云亭自娱。咸淳中，浙大饥，损家赀，饭馁人，所全活甚众。元兵入临安，掳太后、少主去。义不臣虏，赴江死，尸僵不坏。乡人义而瘗之祖庙侧。大明兵起，神示梦，当佑圣主。时傅友德与元左丞李二战徐州吕梁洪，士卒见空中有披甲者来助战，虏大溃，遂著灵应。永乐间，凿会通渠，舟楫过洪，祷亡不应，于是建祠洪上。”[①] 明王朝的统治者们为自己的功业加上神圣的光环，同时也造就了一位前所未有的神灵。其后，明清两朝统治者不断为其增加封号，

① 朱国祯：《涌幢小品》，齐鲁书社，1997。

修建庙宇，其根本目的在于保障运河通畅，稳定国民生计。尤其是自明初开凿会通河后，黄河不时地决堤泛滥，威胁着山东的漕运河道，在这种情形下，金龙四大王逐渐取代了原来的黄河河神，成为掌管黄河的重要水神。其影响力日渐扩大，最终扩展到整个北方地区，凡是有河水的地方，几乎都有金龙四大王崇拜存在。

为了保证漕运顺畅，政府要组织大量人力从事繁重的劳役，生活在漕运河道两岸的居民成为承担该劳役的必然人选。如果说朝廷和官府是从保障封建国家大局稳定的角度出发而对金龙四大王崇敬有加，那么对于那些生活无着的下层百姓而言，漕运则是关系到千家万户生计的大事，河道安澜、漕运顺畅理所当然也成为沿河居民最迫切的渴望与追求。当然，百姓对于神灵的要求往往是极为广泛的，既然这位神灵可以使得漕运河道不兴波澜，那么他肯定是法力无边的，人们内心企盼平安富足的渴望当然也可以向其诉说并通过他实现。所以在运河流域，到金龙四大王庙中祭祀的上有朝廷命官，下有漕运兵丁，还有那些靠水谋生的船夫，甚至还有普通的农夫商贾。供奉大王的庆典被当地人称为“大王会”。以明清时期鲁南重镇济宁为例，济宁一直是京杭运河的咽喉所在，其东为汶水、泗水，其西为微山湖，当地很多居民从事渔业生产或水上运输，因此人们格外崇拜金龙四大王。这里的金龙四大王庙历史悠久，每日进香客熙来攘往。每年农历三月十三以及九月十七，当地的金龙四大王庙里还要举行盛大的祭祀活动。其间除祭祀金龙四大王外，还要祭祀诸如张大王、黄大王等地方水神，统称“大王会”。大王会经常通宵达旦，热闹非凡。商人渔家对这些水神岁时奉祀，虔诚至极。济宁商人甚至将金龙四大王庙盖到了江苏吴江县盛泽镇的济宁会馆里，将栖身于北方的神带到江淮落户。据说上海的老闸和新闸曾经各有一座金龙四大王庙，香火甚盛，苏州河的船户时时来此祭拜，求佑行船安全。在南京，船户们每年九月间要举办一次金龙四大王出巡会，其时人声喧闹，热闹非凡。

在金龙四大王之外，大禹也因其广为人知的治水功绩成为内河

河南郑州黄河景区大禹塑像

船工和渔民们普遍信奉的掌水之神，被尊称为“水仙尊王”。旧时黄河两岸多建有禹王庙，为黄河船工祭祀禹王之处。尤其是水流湍急、地势险峻的地方，更多建有禹王庙以保行船平安。三门峡两岸的禹王庙香火极为旺盛就是这个原因。每逢船只行驶过三门峡附近的水域时，船工们就会携带酒肉香纸，结伴前往禹王庙上香磕头，祈求大禹保佑一路平安。

不过，凡是有水的地方就免不了要受到水患的威胁，所以无论哪条河流，都与两岸的百姓祸福攸关。因此，在祭祀水神以求平安的同时，人们还会使用一些巫术来保证河流通畅，不生灾患，两岸百姓得以安居乐业，避免流离失所。于是在江河湖海之滨总有些用铁、铜等金属浇铸的牛来充当镇水神兽，保卫河道的安宁。镇水兽的起源很早，民间传说与大禹治水有关。按《中华古今注》记载，“陕州有铁牛庙，牛头在河南，尾在河北，禹以镇河患，贾至有《铁牛颂》”。镇水兽为什么能够保证河流波澜不兴？《山海经》中的记载可以提供一种解答。据说东海的流波山上，住着一种叫夔的动物，其状如牛，苍身无角，一足，出入水则必风雨。这属于比较早的有关牛与水的神秘联系的记载。《文选·东京赋》薛综注中说：“夔，木石之怪，如龙，有角，鳞甲光如日月，见则其邑大旱。”此时的夔牛具有了旱神的功能。正因如此，相信厌胜的古人才会认为铁牛镇水的说法有效。

也有人认为镇水兽的出现与战国时代李冰治水有关。《蜀王本纪》中记载：“江水为害，蜀守李冰作石犀（牛）五枚……以厌水精。”在民间则传说李冰为了治理水患，在开凿都江堰时曾经变成披着白绶带的牛与江神斗法，最终征服了江神，于是后人纷纷仿效，以石牛来镇服水患，并逐渐把石牛发展为铜牛、铁牛。明代河南开封的镇河庙就铸有铁犀牛，牛背上镌刻着当时的名臣于谦所撰的《镇河铁犀铭》。其中有文云："变幻灵犀，雄威赫奕。镇御堤防，波涛永息……水怪潜形，冯夷敛迹。"[①]可见时人已经十分相信铁牛镇水的功能。至于铁牛为什么能够镇水，一般有两种解释：其一是由于铁属金，金为水之母，所以子不敢与母斗，因而铁能镇水；另一种说法则认为犀是神牛，牛能耕田，属坤兽，坤在五行中为土，土能克水，因此神牛能够降伏水患。这种认识在中国古代普遍为人所接受。据《荆州万城堤志》载，清代乾隆五十三年（1788年）十一月，有人上谕："向来沿河险要之区，多有铸造铁牛安镇水滨者。盖因蛟龙畏铁，又牛属土，土能制水，是以铸铁肖形，用示镇制。"于是次月，湖广总督毕沅就铸造了九具镇水铁牛，放置于荆州一带险要堤段。

此外，人们还会利用年节等各种时机表现对于水的敬畏和对免除水患的渴望。在广州的增城，农历四月八日，无论城乡，都时兴吃黑芝麻糊。自磨自煮，加上炒香的花生碎、砂糖或蜂蜜，黑芝麻糊又甜又香。当地俗语有"四月八，大水发"的说法，而吃了芝麻糊，则可以"拉灰口"，即加固堤围，防止洪水。

（三）两湖地区的洞庭湖神

长江以南的水神信仰体系与北方相比别具一格。这是因为当地气候湿润，湖泊纵横交错，生活在其中的人们与水有着紧密的关联。以湖南、湖北为例，当地船民最重视的是洞庭王爷和杨泗（四）将军。湖南沿江河多建有二神之庙，有洞庭宫、将军庙、江神庙、平浪宫等名称，甚至还有"大庙不离洞庭（王爷），小庙不离杨泗（将军）"之说。

① 《开封府志整理本》，北京燕山出版社，2009。

船民之间流传这样一种说法，洞庭王爷原是古时一个叫柳明英的书生。柳明英路遇因失手打破玉液壶而被王母娘娘罚到人间受罪的东海龙王的三公主，知道三公主嫁给了一个恶少，每日牧羊，便决心搭救她。柳明英亲赴东海，把三公主的苦情告诉了龙王，龙王的四太子一声怒吼，冲出东海，将恶少家所在之地塌陷八百里，三公主因此得救。为了感谢柳明英，龙王上奏玉皇大帝，封柳明英为洞庭王爷。柳明英来到洞庭湖，将这里治理得碧波万顷，千帆竞发。他每日都要到湖上看护，招呼过往船只，使其平安过湖。也有人认为，洞庭王爷其实就是唐传奇《柳毅传》中的柳毅。神庙中的洞庭神君，赤面、獠牙、朱发，面目狰狞如夜叉，以一手遮额覆目而视，一手指湖旁，像是在招呼远处的行船；其侧的配神也是这样。往来的舟船都会到洞庭神君处祭拜，祭拜时不能妄言，尤其不可以手指物或者是遮蔽额头，如果不小心冒犯，就会有风涛之险。可见在当地船民心目中，洞庭王爷具有极高的神力，想要舟船平安，没有他的慈悲和庇佑是万万不行的。从前，凡是从益阳行船至汉口，或者从宝庆（今湖南省邵阳市）开船到益阳，船户都要备一只红冠公鸡。船一开动，就点燃蜡烛，焚香烧纸，敲锣放炮，然后宰杀公鸡，以示对洞庭王爷的礼敬。伴随着锣鼓、鞭炮之声，船老板会念诵祝词，其词曰：“有请洞庭王爷，开船不遇风暴，

民国瓷板画《柳毅传书》

不出险滩，一路平安！”[①]

为了向洞庭王爷表示敬意，民间每年从二月初七至初九要举行洞庭宫庙会。其中二月初八为洞庭王爷出行日，祭祀仪式十分隆重。数十面大三角红旗为前导，数十个火铳齐放。队伍中央有三十二个人抬着红漆大轿，上坐洞庭王爷，其前后“神龙”翻腾起舞，表示护驾。沿岸居民则焚香纸，放鞭炮，许吉愿。

杨泗将军出行日为农历二月十二，规模比洞庭王爷出行小些。民谚所谓“一号菩萨（指洞庭王爷）打号锣,杨泗菩萨打荡锣（小锣）”，形象地道出了这种差别。传说湘水边某村有二位同窗，一位叫杨泗，一位叫吴义龙。吴义龙以作恶为乐，人们厌称他为“孽龙”。吴义龙听到此称呼后说：“老子要真的变成龙，定把村子搅成大海，淹他个一个不剩。”杨泗说：“那我就变成将军，斩杀你这条孽龙！”后来吴义龙吃了龙蛋，真的变成了龙，而杨泗也果如前言，与恶龙搏斗。后来观音从空中抛来一条铁链，锁住了孽龙。长沙百姓感谢杨泗斗孽龙的功绩，在江岸上为其立庙塑像。像身金盔铠甲，宝剑在握，另一手还捏着一枚“定海神珠”，威风凛凛，被称为“杨泗将军”。

据说，杨泗将军只是一个地方小神，所以只有在小灾面前能显能示灵，面对大灾却无能为力。因此，长沙地方有句俗话：“杨家泗爷来运（显灵）——只有咯大的法神。”虽然如此，人们对这位地方水神还是无比信任。在旧时武汉，各船户最信奉杨泗将军，为其立庙于城北，各船到此，例必至庙敬奉之。在汉阳鹦鹉洲竹木市场，下河扎排运送竹木的工人还组成“杨泗会”，会员往往达数千人，每年农历六月初六，杨泗将军的诞辰日，人们还要举办神会，大办酒席。清宣统时，有某船泊于湖南衡阳樟木乡，夜间舱内忽来一绿蛇，头有黄章，

① 钟鑫：《洞庭湖地区柳毅信仰及其庙宇变迁之考辨》，《厦门广播电视大学学报》，2015年7月第3期。

长约尺许。该船户以为杨泗将军显身，进香供奉，恭恭敬敬运至衡阳，城乡轰动，闻风来观者甚众。当地官员唯恐民间出现骚乱，便把蛇投入河中，谁知当天晚上蛇又回到舱内。于是船户愈加相信这是神灵现身，将其抬到神座上，并且演戏舞龙以敬奉之，十分虔诚。在洞庭王爷和杨泗将军庙会上，在菩萨“出行”之时，当地人还会表演“行当戏”，意为各个行业都要送“戏”给洞庭王爷、杨泗将军等神。此外，在这些神灵的诞辰时，当地人要分别为其祝寿过“生日”。会首收钱集资给菩萨办祭祀酒席，即“生日酒”，也叫“还神愿”，表达对神灵们真诚的膜拜和祈祷。当地人并不在意神灵的法力大小，只是执着地相信他们会保佑船民以及其他行业的人的平安和收获，带给他们福佑康泰。

四、游牧与狩猎活动中的吉祥信仰

中华大地广袤无垠，各种地势孕育了不同的生产与生活方式，平原地区因土地肥沃、水利便利，成为农业人口的聚居地；而大量的山林和草场则成为狩猎和放牧的场所，同样养育了众生。独特的地理位置、自然环境和生活方式，使得身居山林草场的人们拥有与平原地区农耕生活迥然不同的风俗习惯。比起农业耕作，狩猎和放牧的生产方式更加需要大自然的恩泽，山川森林、草原牧场以及各种动植物都是他们赖以生存的必要条件。在古人看来，所有的这一切都来源于神灵的意旨，山川的物产、肥美的水草、动植物的繁盛，冥冥中都有神灵在掌控，而人力却对之无可奈何。山神、雷神、风雨神、牧业神以及各种各样的动物神，都受到他们虔诚的信仰和膜拜，以期为他们的生存和幸福带来庇佑。

（一）深山密林中的安全与收获

在中国的民间信仰中，山和山神崇拜一直占有极为重要的位置。高山大川的巍峨险峻，从远古时代起便为人们提供了丰富神秘的信仰之源，引发人们的崇敬之情；栖息在其中的动物又为人们提供了丰富的猎物。这一切更加坚实了人们的想法——是主宰山的神灵赐予他们所有的幸福。当然，由于身份地位、生活经验的区别，不同阶层的人对山及山神的崇拜有着不同的目的，有着各自的吉祥诉求。

《山海经》中很早就有关于居住在山林中的各种神仙的记载："昆仑之虚方八百里，高万仞……百神之所在"，"有员丘山，上有不死树，食之乃寿；亦有赤泉，饮之不老"，"海中有三神山，名曰蓬莱、方丈、瀛洲，仙人居之"。可见，在古人心目中，这些与天齐高的名山，被赋予了浓烈的神仙气息。所以登高山求寿延甚至成神成仙，就成为许多人孜孜以求的目标。不过这些山居之神未必都有掌管山林的责任，真正负有山神职责的神灵中最有名的当数泰山神。泰山神又称东岳大帝、东岳泰山之神，源于原始社会人们对自然神的崇拜。道教产生后，泰山神被纳入道教神祇系列，成为道教重要的神山。《博物志》曰："泰山一曰天孙，言为天帝孙也。主召人魂魄。东方万物始或，知人生命之长短。"道教认为，泰山神能够主管人间贵贱尊卑之数，掌握生死修短之权。东岳泰山君领群神五千九百位，主宰生死，是百鬼之主帅。因而供奉泰山神的东岳庙随处可见，香火旺盛。

在古代，统治者对于泰山神的祈祷别有一番味道。中国自古就有王室祭山封山的仪典，其中又以泰山封禅最为有名，历朝历代的帝王们为了显示自己的丰功伟绩，往往选择五岳之尊的泰山作为祭告天地的所在，自然也就对泰山神格外关照。唐玄宗开元十三年（725 年）封禅泰山，封泰山神为"天齐王"。宋真宗大中祥符元年（1008 年）东封泰山时，封其为"仁圣天齐王"，大中祥符四年（1011 年）封"天齐仁圣帝"。元世祖忽必烈至元二十八年（1291 年）封"天齐大生仁圣帝"。古代帝王来泰山封禅，均先在岱庙礼拜泰山神，因此，泰山神的地位越来越高。

泰山神之外，还有很多山神也是人们崇拜的对象。对于以狩猎为生的少数民族来说，其所享用的禽兽和所穿的皮毛，都来自山川森林，而这些在原始人的观念中又都源于神灵的恩赐，自然，在他们的山神崇拜系统中，更多的是祈求山神能赐予他们更多的猎物，满足生活的需要。蒙古族在祭祀山神时就有乞求山神赐给珍贵的鹿、貂、猞猁和黄羊等的祝词。达斡尔族、鄂伦春族、鄂温克族的山神叫“白那查”，其形象是在粗树上绘制的长须老人。在狩猎途中，猎人遇到高山、岩洞、卧牛石和怪石，都认为是“白那查”神住的地方。从旁边走过时不能喧哗，以防惊扰山神，对狩猎不利。因为山林中的一切野兽都是“白那查”饲养的,能猎获野兽是“白那查”的恩赐。因此,遇绘有“白那查”神的大树，要用兽肉兽血献祭；在饮酒用餐时先敬“白那查”，以求猎获更多的野兽。赫哲族的萨满神歌中，有不少是唱给山神的，而且赫哲族的山神数量很多，各有职司。如南山高峰的白老太太女神叫鲜根玛玛，北海山顶的黑老太太女神叫萨哈克衣玛玛，南海高山神是库查卡玛发和库查卡玛玛等。土族崇拜思不吾拉神山，认为其供给土族人谷物、弓箭等取之不尽的财富。维吾尔族崇拜自己的古老山神塔格腾格里。哈萨克族则尊崇自己的山神塔吾依叶。

在南方少数民族中，山神信仰有着同样重要的地位。山在南方少数民族的观念中有始祖开元之意。《宋史》记载海南俗称山岭为“黎”。据神话传说，天雷摄卵在山中，生一女，她成为黎族的始祖，从此人们称她黎母。黎族崇拜的五指山神，就被他们认为是远古创世的大力神，五指山神唯恐天塌，撑开巨大的手掌将天擎住，五指因而化为山岭。正是由于这种创世祖先神与山神的重合，因而在南方少数民族的信仰体系中，对山神的祭祀异常隆重，其目的远比祈求获得猎物要宽泛得多。布依族有三月三祭山的信仰活动，它是以村寨为单位祭祀山神的仪式。各户的男性家主聚集于寨中的庙里，宰杀猪鸡，拈香祭酒，摆设供品。祭祀由祭司布摩主祭，祝词中称山神为“山王菩萨”。人们祈求五谷丰登，人畜平安，林木旺盛，邪魔不侵，乡里平安。

随着时间的推移，山神的职责越来越宽，其受崇拜的范围也日渐扩大，不仅山地居民，连山岭周边的以农业为生的居民也会向山神祈求福佑。后世的人们逐渐将山神以偶像的形式供奉在山神庙中，山神成为保一方平安的地方神灵，与土地神有了类似的功能。

古代与山神崇拜联系比较密切的还有一种信仰，就是对于石的崇拜，它往往与山神崇拜有着相似的作用。白族中流传着“白岩天子”的神话，说“白岩天子”本是一群白羊，后化为白石块，专司羊群，并托梦给人间说，如果能尊奉他，就可以保护村里的羊群平安。于是人们供白岩为神，并致祭供奉，后来果然羊群繁殖兴旺，人们就将其尊称为“白岩天子”。白族很多村寨都将白石奉为本主神，求其保佑。朝鲜族将巨石称为“石神”，并认为石块中有神灵存在，可以带给人们财富和健康。

崇拜的链条还会相应延伸，猎神作为山林猎人崇拜的对象，就是一个例证。湖南、四川一带的狩猎者有梅山会，奉“梅山神”为猎神。梅山会每年清明举行，其间的伙食、敬神费用由大家公摊。猎人每次打猎前都要到“梅山坛”敬神，请师公在神前占卜，以感谢山神、土神和梅山神借兵。打猎是件危险的事，有了猎神等诸位神灵的保佑，可以给猎人壮胆。浙江的畲族人供奉的猎神被称为“射猎师爷”，小凉山彝族人称猎神为“优”，基诺族的猎神叫“梢斯”，鄂温克族的猎神叫“舍卧刻”。傈僳族人相信猎神及山神能够保佑他们狩猎成功。傈僳族猎人出门狩猎前，先要献酒并杀牲，由巫师或者有威望的老猎人主持祭神仪式，求乞神灵护佑，猎获野兽。其间还会用竹签、鸡骨之类的东西进行占卜，以得到吉凶的征兆。猎人到达狩猎所在地，需要再次祭祀山神，求其恩赐猎物。狩猎结束，猎人们满载猎物回家，路经每一个岔道处，傈僳族猎人都会吹起牛角号，同时鸣枪致谢猎神。

无论是祭祀山神，还是供奉猎神，其主要目的都是求得神灵对狩猎活动的保护，一方面保佑猎人在与野兽的搏杀中平安无事，一方面保佑可以获得丰厚的猎物；狩猎归来的献祭猎神更是为了表示对神灵恩泽的深深谢意。因为他们认为是这些无所不在的神灵保佑着山林中的民族衣食无忧，生活平安。

（二）敖包，求取吉祥之地

大陆上既有平原，也有山林，还有草原。如果说平原地区有土地神保佑着五谷丰登、百姓安宁，茂密山林中有山神保佑狩猎民族的衣食丰足，那么草原中的各少数民族又要向何种神灵乞求庇佑以保人畜两旺、平安喜乐呢？

这就不能不提到内蒙古草原上祭祀神灵的敖包。在蒙古语中，敖包为鼓包、堆子的意思。内蒙古大草原上，常常可见散布的丘陵，其上有用石头堆砌而成的圆锥形实心塔，那就是敖包。在蒙古族人的心中，天与地本就浑然一体，上天予人以生命，土地则予人以外在形貌。所以，蒙古族人将天称作“慈悲仁爱的父亲”，将大地称作“乐善的母亲”，其他的高山、河流等，也均为神灵所掌控。蒙古族人视万物为神灵，同时也崇拜着那些掌控他们生活生产的神灵——部落保护神、牲畜保护神、山神、猎神、放牧神等。对所有这些神灵进行祭祀的圣地就是敖包。

敖包

后来，敖包与民间的信仰观念结合，逐渐被当地人看成是神灵居处，成为人们供奉祭祀的崇拜物。最初作为界标、路标存在的敖包成了祭祀各路神灵的场所，并且当地人会根据不同的需要来选址建造。古代内蒙古草原上，各个盟旗、寺庙都建有专门的公用敖包，经济富裕的家庭会给自家建敖包，并取上不同的名称。《蒙古吉林风土记》中记载道：“垒石象山冢，悬帛以致祷，报赛则植木表，谓之‘鄂博’，过者无敢犯。”[①]蒙古族人出远门，途经敖包，要下马参拜，祈求平安，同时要在敖包上放几块石头或几把土，然后才骑马上路。清朝以后，祭敖包往往以部落为单位，每年举行一次，时间选在农历五月中旬到七八月间，这个时间段适逢水草丰美、牛肥羊壮的时节。敖包祭祀非常隆重，也很热闹，能够吸引周围几十里甚至上百里的牧民们前来参加，他们或坐着勒勒车或骑马而来，携带丰盛的祭品：哈达、整羊、奶酒等。祭祀敖包有很多的禁忌，比如说，不能踩杀周围的昆虫，不能开掘周围的植被，不能折断周围的树木，不能惊动周围的鸟禽，不能在敖包周围便溺，不能扔废弃物，偷盗行窃者不能参加，有家人去世的人不能参加敖包祭祀，被官府判过刑的也不能参加敖包祭祀，有的地方妇女还不能上祭，等等。祭祀时，首先在敖包顶端插上一根长杆，长杆的顶上悬挂着牲畜的毛角以及书写着经文的布条，四周放着垫石以备烧柏香。敖包周围插满树枝，同时供奉有整羊、马奶酒、奶酪以及黄油等。喇嘛或巫师点燃香火，诵念经文。牧民们则环绕敖包，自左向右走三圈，目的是求乞天地神灵庇佑人间，牛羊兴旺，国泰民安。

畜牧神作为崇拜链条的延伸，也成为牧区人们非常重视的神灵之一。蒙古族祭祀歌中有“在宝山的阳坡上，你看管畜群，从早到晚，吉雅奇阿爸”，其中提到的吉雅奇就是草原游牧民族的畜牧神，是牧区人家必供的神灵。鄂温克族人供奉的吉雅奇神，其形状是在一方形

① 阮葵生：《阮葵生集·蒙古吉林风土记》，陕西人民出版社，2009。

的毡子上，用不同姓氏人家的种马的鬃尾绣成的两个人形。鄂温克人每年剪羊耳记子时所剪下的部分，都要悬在吉雅奇神两旁。凡卖牲畜时，也必须留下所卖牲畜的鬃尾数根，同样悬在吉雅奇神两旁。每逢宰羊时，必须将其食道割下来煮熟，装进吉雅奇像的口袋里。供吉雅奇神一般一年一次，在正月十五或六月间牲畜满膘时进行，以感谢畜牧神对于人们的护佑。仪式隆重庄严，集中体现了游牧民族对于牛羊肥美、衣食丰足的吉祥渴望。

（三）图腾崇拜，寄托部族繁盛的吉祥愿望

图腾在原始的部落社会中曾经有过重要作用，是最早的一种社会组织标志及象征。相较而言，以狩猎和游牧为生的少数民族大部分处于原始部落社会，部族是其生活生产的单位，他们如何维系部族的关系？除了可以确定的血缘关系，共同拥有的图腾也成为他们相互辨识的重要标志。后世各少数民族虽然逐渐脱离原始社会的形态，但图腾信仰却保留了下来，其团结群体、密切血缘关系、维系社会组织和互相区别的职能依然在少数民族生活中占有重要的地位。同时，图腾还被先民认为是部落的有力保护者，不仅能为其提供丰富的食物来源，还时时刻刻地庇佑着部族，给予其安宁与幸福。

许多民族都有自己的图腾神话，他们往往相信某种动物或植物就是自己的祖先，或是自己的祖先曾经与某种动物或植物有过亲缘关系，所以在该部落或民族中，这种动植物便成了祖先的象征。正如《诗经·商颂·玄鸟》中所记，“天命玄鸟，降而生商”，玄鸟就是商民族的图腾。

氏族起源神话往往揭示着图腾与部族的亲缘关系。苗族、瑶族、畲族流传的著名的盘瓠传说就是一例。上古时代，高辛皇后耳痛三年，后来从耳朵里取出一条虫子，外形似蚕的模样，将其放在盘中养育，竟然变成了一条龙犬，浑身毫光闪现，遍体锦缎。高辛皇见了大喜，赐名龙期，号称盘瓠。那时犬戎入侵，国家危急，高辛皇下诏求贤，说有能斩番王首级来献者，即将三公主嫁他为妻。龙期知道后，即前往敌营，乘番王酒醉，咬断他的头颅，衔回献给了高辛皇。但是高辛皇因为它是条狗而不愿将公主嫁给他，就在高辛皇左右为难的时候，龙期突然说话："你把我放入金钟之内，一连七天七夜，我就能够变成人形。"可是一直等到第六天，金钟毫无动静，好心的公主怕龙期闷饿而死，就悄悄打开金钟来看，发现它的身体已变成了人形，但是头还没有变化，由于打破了禁忌，龙期已经无法完成所有的变化。于是龙期穿上婚服，公主戴上狗头冠，夫妻二人以尽量接近的形象成婚。二人结婚后入山居住，开荒种地，植蓝染布，繁衍后代。苗、瑶、畲皆以狗为氏族图腾，以盘瓠为其祖先。瑶族有五色服、狗尾衫，以五色丝或五色布作为装饰来象征五彩的狗毛，前襟长度及腰，后襟则垂至膝下，象征狗尾。畲族的狗头帽也是图腾标志。

图腾物和部落的关系还有许多体现，比如称呼。北方森林中的民族多有以熊为图腾者，如鄂伦春人习惯叫公熊为"雅亚"，即祖父的意思，而把母熊称为"太帖"，取祖母之意。鄂温克人叫公熊作"额卡"（祖父），称母熊为"额沃"（祖母）。图腾一般是不能冒犯的，在过去熊又是鄂伦春族的食物来源之一，所以在猎熊和吃熊的时候就有了很多禁忌。打死了熊，不能说熊死了，只能说它睡觉了；吃熊肉时，要学乌鸦叫，表示是乌鸦在吃熊肉，不是人在吃熊肉；熊的脑、眼珠、心、肝、肺等不能吃，这些地方被认为是熊的灵魂所在，要把这些东西连同部分肋骨一起包好，放在树上，实行风葬。据说猎吃图腾兽，兽的智慧、力量、勇气就会转移到人身上来，这也是图腾崇拜的另一种表现形式。

在这些以狩猎和放牧为生的民族信仰观念中，还存在着大量的能够控制人生幸福的神灵，对他们的祭祀与供奉直接影响着当地人的生活习俗，火神是其中比较重要的一个。

在我国北方，关于火神的性别，也有不同的神话传说。如信奉萨满教的民族认为，火神是位老年女性，名称为火神母、火婆、火灵、火姑娘等。鄂伦春族有一则广为流传的故事：一位鄂伦春妇女早晨起来烤火，随意地捣动炉火，因而触犯了火神。这之后，无论想什么办法，她家里的火总是着不起来。一直到这个妇女向火神婆婆叩头请罪，才得到了火神的宽恕。等她再生火时，很容易就着起来了。在满族的传说里，一个叫托阿的英雄从天火库偷来了一葫芦火种，托阿在石块上凿出小洞，把火种分别装入石块，才带回了人间，人间自此有了火种。托阿还告诉人们，让石块相互磕碰可以取得火种。从那以后，人们就把托阿奉为火神，每年春秋祭拜。在这些崇拜火神的民族中，火神是神圣不可侵犯的，所以在一般情况下绝对禁止踩火、骑火、跨火，平时不可乱动火，不能用有刃的铁器弄火，不能用水浇灭火，更不允许说火的坏话或直接辱骂火。而且在吃喝之前，需把一些酒肉投入火中，以示敬火。新媳妇初到婆家，要先拜火主；举行结婚仪式时，也要拜火主。古代人一方面尊重火，认为它能给人间带来恩惠，对它崇敬有加；但另一方面，人们又惧怕它，把火灾、病人发烧或者小儿梦魇等灾难疾病看作火神发怒的结果，尤其畏惧火神对人的惩罚或报复。所以比起其他自然神，火神更为经常地受到崇敬和供奉。牧区的鄂温克人在农历十二月二十三日火神回天的日子祭祀火神。太阳落山后，在火位的南、西、东侧铺上褥子，并在火的正面放一张桌子，摆上各种供物。在火架四周，点上用面做的盅灯。把五种颜色的布条，分别搭在火架的四周。在火架里用木条搭成数层木框，框上放上整只羊的胸骨肉，外包一层羊油。然后生火，把木条框燃起，并把各种供物投入火里。这时，主祭火神的妇女跪在火前，口中念“呼日耶”（意为请求火神宽恕这一年中的失礼之处，并希望上天为主人家说好话）。此时，大家都向火神磕头。从祭火那天起，三天内禁止用铁器、木棍拨火，禁止掏灰等。

民国纸马《火神》

关于火神崇拜，西南少数民族与北方少数民族不同，他们大多把燃烧的火焰视为火神的化身，有的民族流行把灶、火塘甚至锅庄石视为火神象征的习俗，他们相信火可以恩赐给人们光明和财富，并且有使家族兴旺的功能，是一家人的保护神。

五、安宁祥和的乡村生活追求

无论生活在哪里，乡土永远是中国人的根脉所系，因为中国是一个传统的乡土社会。无论身在何方,家乡总是时刻牵绊着人们的思绪。在传统中国人的心目中，故土是一片和睦、安宁的土地，那里有青山绿水，有野叟村姑，自在和谐，如同世外桃源。居家安宁有序、乡邻和谐共处是生活在这片土地上的人们共同的吉祥心愿。为了实现乡村生活的有序，为了让自己的生活更加和谐，人们制定了一系列的乡规民约，推举了德高望重的村落首领，还要定期向一方的保护神奉献祭祀，祈求神灵的保佑。在乡村生活中作用最重要的应该算是当地的土地神了。土地神于乡村的作用，就如同城隍神之于城镇，大小村落均设之。其权能、职责有地域性的限制，因此东村有东村的土地神，西村则有西村的土地神，若是西村有事而来向东村土地神祈求，往往徒劳无功。正所谓“乡里鼓儿乡里打,当方土地当方灵”。维系一方安宁、管理乡人生活正是土地神的“职责”。

（一）土地神的管理范围：当方土地当方灵

尊卑大小不仅在现实社会中很重要,在神话传说中同样不可忽视。在神的序列中,传统社神有着明确的等级之分。《礼记·祭法》称：“王为群姓立社曰大社，王自为立社曰王社，诸侯为百姓立社曰国社，诸侯自为立社曰侯社，大夫以下成群立社曰置社。”所以自古以来，社既是一个神灵，又成为一级行政区划。但凡有里社，必有土地神，以守护里社之主。中国儒家文化最强调名正言顺，所以对于神的称呼也是确定该神灵神性的一个重要方面，名称体现了百姓对于该神的认知和期待。东汉时民间已经有了将社神呼为土地的例子。高高在上，跻身于庙堂祭祀的社神因为有了这个通俗的称谓而走入民间，成为黎民百姓得以亲近之神。后世这一称呼更为流行，并日渐取代了社神的名称。到清代已经是“凡社神,俱呼土地”[①]了。这种变化体现了土地神在民间社会作用不断扩大的事实。与之相应，各地的土地神还领受着不同的职司。如民间认为墓园中有专职的土地，负有守护之责，所以扫墓前需先祭拜土地神,答谢其看守坟墓的辛劳。此外还有花园土地、青苗土地、长生土地、拦凹土地、庙神土地等，名目众多，职责分明，寄托了民众不同的需求和祈愿。

在明代，因为皇帝朱元璋的缘故，土地神崇拜尤盛。据说朱元璋就出生于“盱眙县灵迹乡土地庙”[②]。所以，小小的土地神，在明代备受崇敬，土地庙遍及各乡各地，甚至仓库、草场中皆有土地祠。土地庙也称福德庙、伯公庙。土地信仰源自人们对大地的崇拜和感恩，因此早期的土地神坛只安放石头，既不立文字，也没有塑像。后来土地神逐渐人格化，出现慈祥老翁的模样，其形象一般是一位须髯皆白，身穿员外服装，手执拐杖，颇为慈祥和蔼的长者形象。

作为一级基层神明，土地公可以算得上是地方行政神，负责保护乡里安宁平静，功能性极强。其最基本的职能是保佑五谷丰登。但在民间信仰中，土地神还常常被看作财神或福神。因为老百姓认为“有土斯有财”，于是土地公相应地也被商家视为守护神，可以保佑他们生意顺遂，财源滚滚。在这种功能上延伸，土地神还能够保护旅客平安，甚至保护坟墓远离邪魔侵扰。有些村落里的土地公公神像旁边还有一只老虎，传说这只老虎可以为民除害，保佑乡邻。作为一乡一里的守护神祇，土地公是受到民间祭拜最勤的神祇。很多人还会把他迎

---

① 翟灏：《通俗编》，东方出版社，2012。
② 文林：《琅琊漫抄》，商务印书馆，1959。

进家门，在潮汕地区，家庭的厅堂里常常供奉五位神灵，土地公就是其中之一。没有在家中常设土地公牌位的，会在每个月的初二和十六两天，在门前摆设香案祭拜。无论是家人生病、子女考试、服役，还是出行、家中大兴土木，都得祭祀土地以求平安。至于当地的商家，一般也是于每月初二和十六两日祭拜土地公，叫作“作牙”。平常的日子里，人们为了诸事顺遂也要不时地拜拜土地公。在旧时民间信仰中，人们普遍相信：每个人在出生时都有自己的“庙王土地”——每个人分属不同的土地庙，就像人世间每个人都有籍贯。因此，每当有人去世，他的亲属就需要到其所属的土地庙进行祭祀活动。在大多数的汉族聚居地，这项习俗被称为“报庙”，就是新丧之人的亲属，将死者的姓名、生辰之类的资料禀告土地，求得土地神替死者引路。过去潮汕人所谓的“报地头”习俗就是这样做的。每逢家中有人去世，村落中的长者会手提白色的灯笼，带领身穿孝服的死者的男性子孙到土地神庙报丧。到达之后，长者先上香，然后取出死者的庚帖，最后还要对着土地像祝祷：“生从地头来，死从地头去，时辰念给老爷知。”

土地庙一般建在各村的村口，由百姓筹资建造。在那些贫困的村落，人们往往会找来一只瓦缸，在瓦缸上沿敲出一个长方形豁口，然后倒扣在地上。土地神的牌位供奉于内，敲出的长方形豁口即为祠门，这就是简易的土地庙。这种土地庙正应了那句俗话——“土地老爷本姓张，有钱住瓦屋，没钱顶破缸。”土地庙有时也是乡绅们处理地方事务的场所。尤其是那些比较大的社祠，有些乡绅会组成专门的社祠董事会，负责一应祭祀事宜。这些人的权力常常能够随着社祠的功能延伸而逐渐扩大，最

民国时期土地公公画像

终成为地方事务的管理者，可以仲裁纠纷，可以维护治安。因此，村落或家族中若有人作奸犯科，经乡绅协商议决，就可以将其逐出社祠；如果其中有罪大恶极者，凭协商决议，加上村落众人同意，在禀告社神后，甚至会将其私自处决。土地神成为管理者名正言顺的倚仗和支持。

关于土地神的来历，有很多传说。一种说法是，周朝有位勤政爱民的官吏张福德，活了一百零二岁，曾为朝廷总税官，为人清正廉明，受到百姓的爱戴。后来有一户穷人用四块大石围作石屋来祭祀他，不久就变得很富有。周围百姓闻言，纷纷敬仰奉祀之，来求神恩保佑，并且合资建庙、塑像膜拜，将其尊称为“福德正神”。东晋以后，民间多以生前行善之人或廉正之官吏为土地神。不过在民间信仰中，神灵的职责和地位也是有等级区分的，土地神在整个神灵体系中是个级别很低的小神，只能管理本乡本土的事务。《搜神记》里记载了广陵人蒋子文为土地的故事。据说蒋子文“汉末为秣陵尉，逐贼到钟山下，贼击伤额，因解绶缚之，有顷遂死”，东吴时期“其故吏见文于道，乘白马，执白羽，侍从如平生”，并且告知说“我当为此土地神，以福尔下民。尔可宣告百姓，为我立祠。不尔，将有大咎”。“于是使使者封子文为中都侯，……为立庙堂，转号钟山为蒋山”[①]。后来蒋子文果然在此地保佑老百姓，百姓无论是希望平安，还是希望添丁进口或者六畜兴旺都可以求他。明清以后民间也习惯将地方名人当成各地的土地神。比如唐代文人韩愈被清代翰林院及吏部当作土地祭祀；湖州乌镇普静寺土地神为沈约；杭州太岳一带，原是岳飞的故乡，于是太岳就奉岳飞为土地神。可以说基于“亲不亲,故乡人”的民众心理，人们虔诚地期望这些本乡本土生长出来的土地神会看在同乡之谊的情分上，对自己的生活给予分外的照顾，使乡居的生活更为和睦美满。

① 干宝：《搜神记》，岳麓书社，2015，第 40 页。

（二）职责众多，无所不管

慈眉善目的土地神在管理一方时最为重要的品格就是公平公道，像前文提到的蒋子文做土地神就很公道。土地神管理的都是乡邻百姓，所涉及的事件也无非家长里短，很少有大是大非，公平就是人们对他的根本要求。只有做到公平公道，才能服人，才可以使村落的生活保持平衡状态，不生是非。在中国南方的土地庙门前经常挂着这样的对联："公公做事公平，婆婆苦口婆心。"这里的婆婆指的是土地庙中陪祀的土地婆婆。这种习俗大约兴起于南宋，是伴随着土地神的日渐世俗化逐渐发展而来的。也有人认为，远古时期人们最初祭祀的后土实际上有着地母的特征，所以有的地方至今还将其称为后土娘娘。而土地婆婆则是继承了后土娘娘的神性而更为世俗化的神灵。民间俗信中，土地婆婆的职责并不分明，充其量不过是土地公公的助手。广东澄海有个关于土地婆婆的传说：某个村庄的三个人有一天去拜土地爷，三个人都许诺如果事成，就供奉猪头答谢土地。第一个村民是卖鱼脯的，他希望出太阳方便晒鱼脯；第二个村民是菜农，他祈求雨水丰足以利于蔬菜快速生长；第三个村民是打鱼的，他则希望刮大风方便扬帆出海。三个愿望互相抵触，难以圆满，这下可难坏了土地爷。土地爷双眉紧缩，一旁的土地婆婆心思灵巧，眼珠一转，计上心来，告诉土地爷："夜来落雨日来晴，鱼脯会干菜会青；半夜透风船出港，三个猪头到俺家。"

但与之形成鲜明对比的是，在有些传说中土地婆婆的口碑却并不好。据说玉皇大帝在土地公下凡前，问他想怎样为百姓做事，土地公说希望世上之人都能富裕快乐。土地婆却不同意，她认为世间就该有富有贫，这样才能更好地分工合作，从而实现各种社会功能。土地公说："如果那样的话，穷人难道不是太可怜了吗？"土地婆反驳道："如果所有人都有钱了，我们女儿以后出嫁，谁会来抬轿子呢？"土地公无话可回，就打消了人人富裕的念头，世间之人才有了后来悬殊的贫富差别。世人因此觉得土地婆太过自私，是一个"恶婆"，因而不肯供奉她，却对土地公推崇备至。

土地公不仅可以享受村庄地头集体性的祭祀，在有的地方，还可以登堂入室享受人们在家中的常祭。潮汕地区甚至在建造坟墓的时候，都要专门在坟墓里勒石竖牌，设置土地的神位。在营造新居、修建工场或者修缮房屋时也要设置土地公的神位。将五副纸锭和五支香一起放在一段竹竿里，将其作为土地公神位之标志，进行祭祀。工程结束之日，要准备祭礼答谢土地，叫作“射土”。举家乔迁，最先搬进新家的是“地主神位”。

因为土地神与人最为亲近，而且性情随和，易于拉近关系，所以百姓向其祈祷家庭和睦、人口平安、六畜兴旺等，也不用特别丰厚的祭品。土地神也不太计较，虽然其神力有限，却总是慈善为怀，“有烧香就有保佑”是他的一贯作风。所以土地虽小，各处却都少不了，是乡土社会中人们最常见的神灵。他管理着日常的乡村，与人们的生活休戚相关，成为人们祭祀中最直接的乞求对象，也成为接受人们吉祥愿望最多的神灵。

土地神受欢迎的程度非常高，他遍布汉族社区的角角落落，享受着汉族百姓并不隆重却很经常的祭拜；同时，很多少数民族如苗、壮、满、侗、黎、畲、布依、赫哲、鄂温克等也都有祭祀土地神的传统习俗。如布依族二月二要祭祀三天，主要祭祀土地神。节日当天，家家杀鸡敬祖，吃两色（黑、白）糯米饭，祈求土地神保佑全寨安宁。贵州台江苗族供奉土地神，则是用几块石板搭成小屋，称地鬼房，内置两块长形石板，以之为土地神的偶像，每年祭祀。当地开荒时，要先向土地神烧三次香，三次不灭才能动土。

与土地神类似的神灵也同样存在，如白族聚居的地方，就有一种类似于土地的神灵，承担着与土地神相似的功用，为人们带来福祉和吉祥，那就是白族的本主神。白族的每个村寨都有自己的本主神，也有几个或几十个村寨共同信奉一个本主神。本主神多种多样，有自然本主如石头、水牛、猴子等，有神灵本主如山神、谷神、太阳神等，有英雄本主如杜朝选、段赤诚等，还有佛教与道教本主如观音、李靖等。本主信仰最突出的表现就是对五谷丰登、风调雨顺的期盼。“以死勤事则祀之，以劳定国则祀之，能御大灾则祀之，能扞大患则祀之”[①]是本主崇拜的总原则。以此观之，本主是一个法力巨大的地方保护神，从其具体功能和庙宇分布来看，本主神又有着与土地类似的地位。白族人相信本主就是村寨的保护神，掌管着村寨居民的福祸与生死，能保佑人们吉祥平安，保佑庄稼五谷丰登，保佑家族兴旺发达。本主神既可以管人间大小事务，也可以管“阴间”兵事；既管人间疾病，也管牲畜兴衰等。几乎每个白族村寨都建自己的本主庙，在其中供奉泥塑的或者木雕的各种本主神像。

本主庙

六、城市生活的吉祥追求——安全的生存空间

城市同样是传统社会不可或缺的人类居住区，自古以来就存在着人口集中居住的城邑，城市集中了政治、经济、文化的各种功能。人们选择居住在城市，从事手工业、商业等各种非传统产业，其生活状态与乡土社区迥然不同，但他们同样需要神灵对自己日常生产或生活的庇佑。对于居住在城市中的人来说，生活安宁，不受欺凌，是他们最大的心愿和吉祥追求。在各种城市的保护神中，城隍是最受人敬重的神灵。

① 左丘明：《国语》，齐鲁书社，2005，第79页。

（一）保佑市民安全的城隍神

中国古人造城，总要在城市周边修筑高大坚实的城墙、城楼和城门，还有宽阔的壕沟或护城河。正如《说文解字》所说，“城，以盛民也”“隍，城池也。有水曰池，无水曰隍”①。汉代班固《两都赋》开始将“城”“隍”连用成一词，其文曰：“京师修宫室，浚城隍。”②可见“城隍”这两个字本身就与城市相联系并且随着城市的发展而发展。

早在周朝的八蜡祭祀中，就有对水神、庸神的祭祀，并被记入《周礼》而流传。随着社会经济和商业贸易的发展，城市规模逐渐形成。绝大多数城市都是靠近水边的，水与城有了进一步的结合。另外，古代的民众相信，举凡同人们的生产、生活以及安全紧密相关的事物，都有神灵掌控，他们将水神与庸神合二为一，转化成城市保护神，即城隍神。道教神灵体系把城隍神纳入其中，赋予其翦凶除恶、护邦佑国的功能。城隍神同时还可以掌控阴间的鬼魂，所以有的地方又称其为城隍爷，视之亦为冥界的地方官。城隍的办公地——城隍庙、城隍祠多设于都会城邑，如同土地庙一样，成为城镇居民生活信仰的重心之一。约自三国时期始，百姓就开始修建城隍祠，最早有记载的城隍祠在安徽芜湖，传说是孙权在239年所建。《北齐书·慕容俨传》也有关于郢城城隍神的记载，慕容俨镇守郢城，“城中先有神祀一所，俗号城隍神，公私每有祈祷”。

信仰城隍的习俗到唐朝已经相当普遍，在江南地区，已经达到“每州县必有城隍神”③的地步。五代十国时期，城隍神被统治阶级不断加封尊号。后唐末帝清泰元年（934年），诏杭州护国庙，改封崇德王，城隍神改封顺义保宁王，湖州城隍神封阜俗安成王，越州城隍神封兴

① 许慎：《说文解字》，中华书局，2013。
② 萧统：《昭明文选》卷一，华夏出版社，2000。
③ 李昉、扈蒙、徐铉等：《太平广记》卷三百三，中华书局，2013。

德保阖王。[1]并且，城隍神逐渐发展成为人的形象。长期的封建专制制度之下，皇亲国戚横行朝野，贪官污吏鱼肉地方，黎民百姓苦不堪言又无从申诉，只能寄希望于能为自己伸张正义的清官，这也是中国传统社会中清官信仰的源头。但在当时，现实中的清官毕竟寥若晨星，民众这才会将希望寄托到信仰之中，渴求能有像理想的地方官一样为自己主持公道的保护神。城隍神以其与城市相关的特殊身份自然而然地担当起了这个职责。当城隍的神格日渐人性化的时候，民间也就自然地把那些体恤民生疾苦、为民做主的现实人物转化为神灵。所谓英雄虽死英灵在，人们希望这些英雄即使死去以后，仍可以留在地方上，化作地方神来保护自己，于是就出现了把历朝历代的英雄、清官抬出来当城隍神的现象。从春秋战国时期的春申君，到汉代的萧何，再到元代的文天祥，还有很多当地的英雄人物，都可以成为保佑一方的城隍神。

（二）城隍祭仪，祈求阴阳两界的平安顺遂

为了在城市中安居乐业，人们虔诚地供奉城隍，向其表达自己的吉祥诉求。这些祭祀仪典往往都是由达官显贵或政府官员主导的。据《隋书·五行志》载："梁武陵王祭城隍神，将烹牛，忽有赤蛇绕牛口。"由武陵王主祭，以牛为祭祀品，足见当时祭祀城隍神仪式的隆重程度。

唐代地方宰守也多有撰写祭文供奉城隍神者。开元五年（717年），张说撰写《祭城隍文》，张九龄、许远、韩愈、杜牧、李商隐等继之。李阳冰、段全纬、吕述等均撰有《城隍庙记》，杜甫、羊士谔有《赛城隍诗》。至于祭祀的原因更是不一而足，可以说是"水旱疾疫必祷焉"[2]。

将城隍神信仰纳入国家祀典最早是在宋代。《宋史·礼志八》有载："自开宝、皇祐以来，凡天下名在地志，功及生民，宫观陵庙，名山

① 参见王钦若等编：《册府元龟·卷三十四·帝王部崇祀三》，中华书局，1960。
② 王钦若等编：《册府元龟·卷三十四·帝王部崇祀三》，中华书局，1960。

大川能兴云雨者，并加崇饰，增入祀典……其他州县岳渎、城隍……皆由祷祈感应，而封赐之多，不能尽录。”[①]

城隍神信仰趋于极盛出现在明代。相传，明代开国皇帝朱元璋出生在土地庙里，所以非常重视土地神，相应地，对作为土地神上级的城隍神也非常敬重。他于洪武二年(1369年)下诏，加封所有的城隍神。于是全国各地的城隍庙一下子如雨后春笋般多了起来。明政府还严格限定了城隍的等级，就如人间官员的品级一般，城隍也有都、府、州、县四级，并且有不同的爵号。

民间奉祀城隍最初是以其为城池、地方的保护神，体现的是城市市民对于地方安宁的吉祥追求。作为政治中心的城市历来是兵家必争之地，在兵祸中领兵保民的是这座城市的官员，显灵救众就要靠一方的城隍。城隍能够以其自身的神力帮助城市守军，护佑黎民百姓免受兵灾。据说北齐文宣帝天保六年（555年），慕容俨镇守郢城，被梁军包围，梁军以荻洪截断水路供应，郢城形势危急，“城中先有神祠一所，俗号城隍神，公私每有祈祷。于是顺士卒之心，乃相率祈请，冀获冥祐。须臾，冲风歘起，惊涛涌激，漂断荻洪”[②]。这是所谓城隍神“显灵”护城的最早记载。又据说五代十国时期，汉隐帝乾祐三年（950年），海贼攻蒙州，州人于城隍神处祝祷，最终保住了城池，后来蒙州城隍神被封为灵感王。

城隍的职责随着时代的发展而不断扩展，后来又被奉为主管阴司冥籍之神。《太平广记》记载了这样一则故事：唐洪州司马王简易，常暴得疾，梦见一鬼使，自称丁郢，手执符牒，云奉城隍神命来追。王简易即随使者行，见城隍神。神命左右将簿书来，检毕，谓简易曰：“犹合得五年活，且放去。”[③]所以唐时城隍之神，就已经有了主冥籍、

① 脱脱等：《宋史·礼志八》，中华书局，1985。
② 李百药：《北齐书·慕容俨传》，中华书局，1972。
③ 李昉、扈蒙、徐铉等：《太平广记》卷一二四，中华书局，2013。

城隍庙

掌生死的功能。

城隍具有双重身份，其作为城市的护卫神和阴间的管理者，可以跨越阴阳，解决那些尘世中无法解决的问题，从而具有了对阴阳两界的监察之责。很多的文人笔记中都可以见到城隍审案的故事，体现了城市市民阶层对于城隍的信仰和祈求。《子不语》中有这样一则故事：

洞庭山棠里徐氏，家世富饶，起造花园，不足于地。东边有土地庙，香火久废，私向寺僧买归，建造亭台。已年余矣。一日，其妻韩氏方梳头，忽仆于地；小婢扶之，亦与俱仆。少顷婢起，取大椅置堂上，扶韩氏南向坐，大言曰："我苏州城隍神也，奉都城隍差委，来审汝家私买土地神庙事。"语毕，婢跪启："太湖水神参见。"又启："棠里巡拦神参见。"韩氏一一首颔之。最后曰："原告土地神来。"韩氏命徐家子弟奴婢："听点名，分东西班侍立。有不听命者，持杖击之。"唤买地人姓名，即其夫也。问："价若干？中证何人？"口音绝非平素吴音，乃燕赵间男子声。其夫惊骇伏地，愿退地基，建还原庙。韩氏素不识字，忽索纸笔判云："人夺神地，理原不应。况土地神既老且贫，露宿年余，殊为可怜。屡控城隍，未蒙准理，不得已，越诉都城隍。今汝即有悔心，许还庙宇，可以牲牢香火供奉之。中证某某，本应治罪，姑念所得无多，罚演戏赎罪。寺僧某，于事未发时业已身死，可毋庸议。”判毕，掷笔而卧。少顷起立，仍作女音，梳头如故。问其原委，茫然不知。其夫一一如所判而行。从此，棠里土地神香火转盛。①

从上面的故事至少可以看出来这样几点：其一，土地虽同样为神，但职司微弱，且常受人欺侮。其二，城隍是土地的直接上司。其三，城隍的地位也有高低之分，都城隍地位较高。其四，城隍具有断狱听讼之责。其五，一般不得越级上告。

城隍的双重身份，还使其富有人情味，他甚至可以直接插手人家家事，替人排解困扰。《子不语》里还记载了一个城隍替人训妻的故事：

杭州望仙桥周生，业儒，妇凶悍，数忤其姑。每岁逢佳节，着麻衣拜姑于堂，诅其死也。周孝而懦，不能制妻，惟日具疏祷城隍神，愿殛妇以安母。章凡九焚，不应；乃更为忿语，责神无灵。

是夕，梦一卒来，曰：“城隍召汝。”周随往，入跪庙中。城隍曰：“尔妇忤逆状吾岂不知，但查汝命，只一妻，无继妻，恰有子二人。尔孝子，胡可无后，故暂宽汝妇。”……命蓝面鬼持大锁往擒其妻，而以袍袖拂面。顷刻，变成青靛色……召两旁兵卒执刀锯者，皆狰狞凶猛。油铛肉磨，置列庭下。须臾，鬼牵妇至，觳觫跪阶前。城隍厉声数其罪状，取登注册示之。命夜叉：“拉下剥皮，放油锅中。”妇哀号伏罪，请后不敢。周及两媒代为之

① 袁枚：《子不语》卷三，河北人民出版社，2000。

请，城隍曰："念汝夫孝，姑宥汝，再犯者有如此刑。"乃各放归。

次日，夫妇证此梦皆同。妇自此善视其姑，后果生二子。[1]

总之，城隍神的职责包括了代天理物、翦恶除凶、护国安邦、普降甘泽、判定生死、赐人福寿等。其属下有十八判官，分掌人之生死疾疫、福寿报应等事。城隍庙里往往挂有各种昭示城隍功德的匾额，比如"发扬正气""我处无私""护国庇民""纲纪严明"。此外，庙里还会有很多劝诫的楹联，比如"善恶到头终有报，是非结底自分明""作事奸邪任尔焚香无益，居心正直见吾不拜何妨""善行到此心无愧，恶过吾门胆自寒"等。

正月十三、五月十九和六月初八，是民间祭祀城隍相对固定的时间，当然，其他各种传统节日如清明、七月十五等，城隍庙也往往有庙会活动。城隍庙里，经常有人施舍钱、米、衣服、棉被、医药、棺木等，庙里还有为人主持公道、排解纠纷的活动。在福建莆田的城隍庙，旧时每年除夕之夜会举办木偶"鲁戏"，经常通宵达旦。因为过去穷人多，很多人每到年三十需要外出躲债，常常有家难回，到城隍庙过夜，既可看"鲁戏"，又权当"守岁"了。当地有风俗，债主不得进庙讨债，否则将受到城隍爷责罚，这也算是城隍爷为穷人办的一件好事了。

过去的城隍庙会，往往集信仰和娱乐功能于一体，具有规模大、范围广、人数多的特点。郑州城隍庙会的会期是从三月初一一直延续到三月二十八。民国时期的《郑县志》对当时的城隍庙会是这样记载的："自十五日起，士女答赛拈香，或奠献花果，或恭悬匾额，或割股披红，或枷锁伏罪。并有卖买赶趣，香茶细果，酒中所需。凡儿童玩物，例如彩妆傀儡、莲船战马、锡笙鼗鼓、枪刀剑戟、零碎戏具，在在成市。至一切耕具农器，尤属色色俱备。"三月十八日俗传为城隍圣诞，

① 袁枚：《子不语》卷五，河北人民出版社，2000。

是整个庙会期间最隆重的一天。这一天，百姓由四方赶来，许愿祈福，磕头烧香。庙会期间，地方上还要组织演戏、玩社火等活动以愉悦城隍神。

“城隍出巡”是祭祀城隍习俗中一个别有意味的活动。城隍爷出巡城市中的大街小巷，鬼怪不敢作祟，百姓能够安居乐业；同时城隍爷还可以明察暗访，将人间的是非善恶了然于胸，让恶徒不敢为非作歹。一般来说，除了有人抬着城隍神的座驾，城隍出巡的队伍中还有百姓自愿扮演的阴曹判官、无常、披枷带锁的囚犯等，吸引市民纷纷围观。百姓则于路中沿途设祭，供奉城隍祈求保佑。人们抬城隍神回殿时，用纸糊大无常，令人挟之行右；最后，用火药点烧之，据说可避免厉鬼作祟。金门四月十二“迎城隍”仪式也非常热闹。“报马仔”（报信者）手持一面小锣，沿途敲打，告诉信众游行队伍要到了，要收拾起暴晒的衣服，以免对神明不敬，并提醒信众顶香案桌，待城隍轿经过时擎香敬拜。迎神队伍中有士（持书袋）、农（拿犁）、工（挑扁担）、商（持算盘）、先（持笔）、医（穿长衫马褂，戴碗帽）、命（持珠笔和簿子）、卜相（拿签筒）等八类“妆人”，代表各行各业的人物。还有“倒骑驴探亲”，两人一正一反骑着两匹驴，一路打情骂俏；有“举谋枷阵”，夫举椅子在肩后，妇拿破裂竹刷子打椅面，竹子唰唰作响，一路打到底；有“郑元和打花绰阵”，四至十人扮成郑元及旦、净、丑等角色，在南管音乐伴奏下，一路舞球一路走花步；有“粉阁”，由童子扮成中国传统民间故事中的人物，招摇走过；还有种种蜈蚣座、公背婆阵、醒狮阵、舞龙阵、宋江阵、跳鼓阵、高跷阵等。这些娱神的活动展现出人们对于城隍的敬畏，“报马仔”所携物品中的韭菜，象征着城隍神能长长久久地庇佑黎民，鲜明地表达了城市中人们对于安宁的向往和追求。

七、职能各异的地方神与五花八门的吉祥愿望

古代，实用主义的原则总是占据着中国民间社会的主流，在人们追求幸福平安时也适用此原则。他们会将自己的心愿向那些有特定职责的神灵诉说以求得保佑，如向龙王求雨，向土地求丰收等，这些现象在整个中国大地都是相似的。但同时，人们还希望在这些普惠人间的神灵之中，有那么一个、两个的神是只为保佑自己这一方水土而存在的，于是一大批地方神应运而生。所谓地方神指的是在特定的区域内由民众自发供奉，但在全国范围内却影响不大的神。严格来说，很多影响力遍及全国的神灵最初都是由地方小神发展而来的，但由于其影响范围广泛，已经不能只称其为地方神。地方神最突出的特点是只是一个特定的或较小的地域范围中的保护者，其“神力”可能并不特别大，但由于与当地人有着千丝万缕的联系，因而被他们认为该神之灵力只会惠及自己，而不会被外人分享，因此这种地方保护神在民众心目中就具有了与家族祖先相似的功用。由此也就不难理解为什么民众会对其产生更为亲密的感情，以至于对此类地方保护神的敬奉有时甚至远比某些重大神灵来得隆重、热闹而无所拘束。

（一）掌管风雨冰雹的地方神——秃尾巴老李

在这类神灵中，山东的秃尾巴老李可以说非常具有代表性。传说中，秃尾巴老李出生在山东某地。其母未婚而孕，产下一条小黑龙。其形怪异，不为家人所容，被砍断尾巴后离家出走。因其母家姓李，所以被称为“秃尾巴老李”。这条龙离家后就来到了东北，想在白龙江落脚，但却与占据此江的白龙发生争执，在与白龙作战的过程中得到了山东老乡的帮助，最终成为此江主人，该江也因此改名为黑龙江。为了答谢乡亲们的帮助，他便格外保佑山东人，黑龙江上所行之船只要有山东人在就不会翻船，后世因此形成了黑龙江上没有山东人不开船的习俗。而秃尾巴老李也成了山东人特有的保护神。在山东很多市

县都能够找到秃尾巴老李的踪迹，他的庙宇成为当地人供奉崇拜的对象，在他的生日或其母亲的忌日往往有盛大的庙会。每逢庙会，当地群众会在其庙宇前演戏，敲锣打鼓迎神回乡，俨然是乡村集镇中又一个特殊的节日。在山东很多地方都认为自己这里才是秃尾巴老李的出生地，并且都盛传着其保佑家乡的故事。如在临沂地区，当地人认为秃尾巴老李是费县西蒋村人，每年六月初六是其探家的时间，要举行为期三天的庙会。在这几天里，或清晨或傍晚，总是会下上一阵毛毛细雨，据说这是因为秃尾巴老李回家而洒下的泪水。在威海地区，人们都说秃尾巴老李出生在文登的山东村。他虽然去了东北，但时刻不忘家乡。托其庇佑，即使是大灾之年，山东村也能安然无恙。所以无论在山东何处，秃尾巴老李总是作为山东人的保护神而存在，其突出的地方化色彩是他与在山东广受信奉的其他神灵如碧霞元君、东岳大帝等最重要的区别。在秃尾巴老李的系列传说中，甚至连这位神灵的长相、秉性、行事都与山东人有着惊人的相似之处——一个黑大汉，性格直爽略有些鲁莽，行事公正却对山东乡亲别有恩泽等。人们在口耳相传中塑造并接受了这样一位极具乡土气息、能为自己这一方水土带来平安与富足的本土神灵。而这种地方神的出现也集中体现出了中国民众在追求人生幸福的过程中，以家族和地域为单位的信仰特色。

对于这类地域色彩极其浓厚的神灵来说，他们的功能异常繁多。最初，作为地方神的秃尾巴老李最重要的功能是控制降雨和冰雹。在山东，很多信奉秃尾巴老李的地方历史上雹灾频繁。供奉这样一尊掌管风雨冰雹的神灵，在农事生产的关键时刻向其求乞风调雨顺、不受雹灾是当地民众最为平常的吉祥追求。至今在山东某些农村还保留着下冰雹的时候向门外扔菜刀等铁器的习俗。

在求雨时，秃尾巴老李的功能则更为强大。在潍坊地区，诸城南三里庄的李姓家族认为秃尾巴老李是他们的祖先，而且家族中还供奉着当年秃尾巴老李被砍下来的那段龙尾。据说这段龙尾非常灵验，每当天旱不雨的时候，只要把龙尾拿出来晒一晒，就会下雨，所以该村

费县龙王堂朱龙王像（当地人认为朱龙王就是秃尾巴老李）

从来没有遭受过干旱之灾。甚至连外村人求雨，也得有秃尾巴老李的后代参加才会灵验。

其后，人们出于对地方神灵的天然亲近感，又赋予了秃尾巴老李其他的职司，比如惩恶扬善、佑护乡里、保佑出门在外的本乡人，甚至还能帮乡邻照看孩子。在山东费县龙王堂，传说过去农忙时间，家里很小的孩子没人照看，就送到庙里去让老李照应一下。这个亲切的地方神灵就如同一个家族长者，无时无刻不在守望着乡里乡亲。正因如此，每年秃尾巴老李回家上坟的日子，各地都会为其举办隆重的庙会，答谢他一年来对乡邻的照应，同时也期待着他一如既往地保佑本乡本土的幸福生活。

（二）驱疾护生的地方神——保生大帝

还有一些地方神就是历史上曾经存在的真实人物，比如福建信仰的保生大帝。保生大帝也叫大道公、吴真君。其本名吴夲，为宋代名医。据当地志书记载，“吴夲，生于青礁（今福建龙海角美白礁），世所称吴真君也。少超悟，长得道术。不茹荤，不授（受）室”[①]。相传保生大帝医术精湛，每每按病开药，见效神速。有时只是让患者吸口气或饮口水，就能即时痊愈。其一生业医，救人无数，所以死后受到乡人的顶礼膜拜。乡中出现水旱疾疫时，人们都会对其款谒朝奉，求得保佑。

福建民间流传着很多保生大帝庇佑本土乡亲的事迹。传说在宋代仁宗年间，泉州、漳州两地大旱，庄稼颗粒无收，百姓无以为生。保生大帝知道之后，就搭建了高台，在上面竖起大旗，然后登台作法，并向民众宣称十天之内，定有救济。老百姓半信半疑。过了十天，港口上果然有数十只载着米粮的大船来到，保生大帝按口赈粮，泉州、漳州两地的灾民知道后，纷纷接踵而来，受到赈济的百姓民心安定，地方秩序井然。第二年，这两个地方又瘟疫蔓延，百姓无医无药，死伤无数。保生大帝带着自己的徒弟们奔波疫区，延医施药，拯救了无数灾民。后来人们传说保生大帝乘鹤飞升成神，但其仍然眷恋着乡里乡亲。传说有一次，保生大帝的家乡发大水，整个村落汪洋一片，保生大帝乘鹤“显灵”，须臾之间，洪水退却，全村百姓安然无恙。乡民为答谢其解救乡里的功德，约定每年四季均请戏酬答之。

历朝历代给予这位神灵的封号多达十余个，其中“保生大帝”为最高，也最切合民意，因为这个称号在理念上体现了其“治病却疾”的护生精神，也是最能够赢得民众尊崇的。所以，民众祭祀保生大帝的时候最常祈求的就是无病无灾、身体安泰。有了疾病的人们也会在保生大帝面前许愿求助，并且会在心愿达成后还愿报答。据说每年正月初一是固定的许愿还愿日，这一天也是信奉保生大帝的乡人们不能错过的祭拜日子。在保生大帝的祖籍地，旧时，谁家需要向保生大帝问药求医，须到祖殿虔心祝祷，然后用轿子把神灵的真身请回家，据说这样许愿最为灵验。

---

① 《福建通志》卷二百六十三，清同治本。

当然，作为公认的地方保护神，除了驱除疫疠之外，赈济灾民、退却洪水、助阵杀贼的传说同样丰富了他的功能与法力。因此，对于保生大帝的供奉与祭拜自然也就附加了当地百姓对于家乡安宁的殷殷期望。体现在祭祀的仪典上，就是每年农历正月十五要抬着保生大帝的金身巡视四境，每年的农历三月十五保生大帝生日时要举行大型的祭祀活动，还要请戏班演戏为其庆寿。

（三）名臣将相变身的地方神——诸葛武侯

在四川一带，极具地方色彩的就是诸葛亮崇拜。诸葛亮崇拜形成的时间比较早，早在诸葛亮病逝于伐魏前线归葬定军山不久，蜀汉地区民间祭祀诸葛亮的活动就已开始，这促使刘禅最后下诏为诸葛亮立庙修祠以供祭奠，以慰民心。据说诸葛亮死后，蜀国很多地方“各求为立庙，朝议以礼秩不听，百姓遂因时节私祭于道陌上”。鉴于民意难违，蜀汉步兵校尉习隆、尚书郎向充上表后主，请为亮立庙祭祀，以引导当时“百姓巷祭，戎夷野祭”的民间祭祀有所归宿。于是后主终于在景耀六年（263 年）春“诏为亮立庙于沔阳”[①]，此即汉中沔阳武侯庙（祠）的来历，汉中沔阳武侯祠也是全国最早的官立武侯祠。

沔阳立庙后，蜀汉官民祭奠诸葛丞相有了固定场所，每年清明及诸葛亮忌日（八月廿八）都要举行隆重的祭祀活动。尽管不久蜀汉即亡国，但祭祀诸葛亮的活动一直沿袭下来。[②]唐宋时期，蜀汉地区的诸葛亮崇拜愈久弥盛，晚唐文人孙樵云“武侯死殆五百载，迄今梁、汉之民，歌道遗烈，庙而祭者如在，其爱于民如此而久也”（《刻武侯碑阴》），颇能说明唐代蜀汉地区之民祭祀诸葛亮之风。成都武侯祠、剑州剑门关、利州筹笔驿、兴元府西县（今勉县）武侯庙等地都是蜀民祭奠诸葛丞相的重要场所。

---

① 陈寿：《三国志·诸葛亮传》，中华书局，2011。

② 参见马强：《诸葛亮崇拜与古代蜀汉地区的民间信仰》，《成都大学学报》，2002 年第 2 期。

四川成都武侯祠

不过在民间，对诸葛亮的信仰则逐渐脱离了帝王将相式的崇拜模式，祭祀诸葛亮成为一种寻求地方保护的祈祷。从唐代一些祭祀诸葛亮的庙碑序文中可以明确地看到这种变化：“若岁大旱，邦人祷之，能为云为雨，是谓存与殁人皆福利。”（尚驰《诸葛》）可见当时蜀地百姓祭祀诸葛亮的真实用意——祈雨应验，求其惠泽百姓。这些转变生动地体现了民间信仰的实用功能。普通百姓的生活理想十分单纯，在他们看来，不论这个神曾经是谁，曾经处于什么位置，曾经有过什么样的功绩，只有在现实的生产生活中给百姓带来福泽，才能享受烟火供奉。

第三章　家庭生活的吉祥信仰

家庭，作为社会的基本单元，不仅可以为人们提供衣食所需，还是个人必不可少的庇佑之所。个人的一切——从基本生活要求到前途命运的发展都与家庭密不可分。古代中国是一个典型的宗法制社会，扩大化的家族不仅影响着整个国家政治、社会生活，同时也与个人的切身利益息息相关。家族的兴盛与衰败往往直接影响着个人的生死荣辱，吉祥美满的家庭必然会给生活在其中的人带来幸福如意。因此，任何一个生活在大家族中的人，无不把和睦孝悌作为共同的吉祥追求；家族的兴旺，也理所当然成为每一个成员为之不懈努力的目标。

在传统的中国社会，实现家庭和睦的必要条件很多，因此而衍生出的信仰习俗更是丰富多彩。国人历来以多子多福、人丁兴旺为追求，并且有“不孝有三，无后为大”之说，可想而知，人们在求子育子方面的愿望有多强烈，压力有多巨大。重压之下，向神明求助借力在所难免。人们既祈求子嗣众多，又希望儿孙成才，因此相应的信仰活动五花八门。再者，在男尊女卑的时代，对于男子而言，与之紧密联系的除了孩子之外，还有妻妾和父母，由此又衍生出夫妻之间、婆媳之间、妻妾之间的多种家庭关系。为了让所有的关系都能和谐美好，人们求助于传说中的月老等神仙，甚至求助于各种荒诞不经的巫术，来保佑家庭的和谐美满。

除了对家庭成员之间关系的重视，中国人也十分重视自己的生活环境，即自己的家宅庭院。人们认为家宅是家庭兴旺发达的根基所在，因此，他们非常渴望有神人、神物、神器来“佑家护院”。结合一些神话传说，人们奉立了各种类型的家宅神、不同功能的镇宅宝，而像灶王爷这样的亲民之神，则直接被奉为“一家之主”。

除此之外，人们还特别仰仗祖先的护佑，认为历代祖先在天有灵，当然会眷顾后人，后人因此始终念念不忘先祖，形成了在节日、祭日等特定时日举行的诸多供奉祭祀仪式，并久衍成俗，俗久成礼。

一、延续子嗣的传统追求

人丁兴旺、子孙满堂是一个家庭乃至家族强盛的标志。因此，中国的旧家族对于吉祥的追求首先就体现在对子嗣绵延、人丁兴旺的渴望之上。对于一个家族来讲，有财、有禄并不能算是真正的幸福，必须有子嗣承继，才算是美满。所以当时很多地方的人们崇尚“五男二女”“多子多福”,盼望“早养儿子早得济”。所有的希冀正如民谚所说：“门前车马非为贵，家有儿孙不算贫。”

古代社会生产力低下，生产的发展主要靠增加劳动力，特别是增加男性劳动力来实现。对一个家庭来讲，家里的男人越多，经济力量也就越大。于是,人们往往以增加男性人口的方式来提高社会生产力，增加生活的保障。基于此种观念，古代人们强调“养儿防老”，认为结婚后生一群孩子是天经地义的事。因此，新婚家庭中很多习俗的目的都是为了求子。青年男女结婚后，长辈们最关心的就是新婚的妻子何时“有喜”，为家族添丁进口；年轻妻子希望婚后有喜，以证明自己的生育能力，进而稳固自己的地位；丈夫渴望妻子为他生儿育女，传宗接代。新媳妇一朝有喜，所有人喜上眉梢。不过，由于受“重男轻女”观念的影响，古时的人们得喜之后更重“喜在有子”。如果年轻夫妇结婚十个月便生了男孩，是极为吉利的，这种现象被称为“元宝红”，而这个小男孩则被称为“花烛子”，会得到所有的亲朋好友的祝贺。

为了满足得子的愿望，旧时的人们便迫切需要更早得知胎儿的性别，为此，民间甚至发明了许多稀奇古怪的方法来预测胎儿的性别。有的凭借饮食喜好来分辨，如酸儿辣女之说；有的凭借肚子形状来判断，认为肚子尖尖生男孩，肚子圆圆生女孩等，不一而足。不过既然能够生育，即便这次不是儿子而是女儿，以后总会生出儿子的。因此在传统社会中，为求多生子、早有后，各种特定行为、话语甚至某些禁忌遍布生活的方方面面。

中国是一个嫡长子继承制延续了几千年的国家。在过去，传宗接代、承嗣香火是家族的头等大事。俗话说："不孝有三，无后为大。"但是，仅仅生出女儿是不能被看作有后的，因为只有儿子才能承继家传。因此，古代的妇女生不出儿子，根据"七出之条"是可以名正言顺地被休回娘家的。所以我们看到的求子习俗大多求的是儿子。很多人家，即使已经生了女儿，还是不断虔诚求祈，这种渴望被贯彻在日常生活的很多环节中。旧时，无锡某些地方有着这样的习俗：如果生了女儿，那么女儿出生后一个月摆满月酒，称为"单满月"，"单"的含义为"一个就够了"；而如果生的是儿子，则在儿子出生两个月后摆满月酒，谓"双满月"，风光无限。而且，在单满月的酒宴上只能吃鲤鱼，不能吃鲢鱼。这是因为鱼是繁衍力最强的一种生物，吃鱼寓意求多子，而鲤鱼在民间有跳龙门成龙之说，因此吃鲤鱼寓意着下一次生个男孩；而鲢鱼谐音"连"，连生女儿，不吉利。很多时候，连女儿的名字，也常常含有祈子的成分，像"根娣"（跟弟）、"招娣"（招弟）、"莲娣"（连弟）等。为得一子，古人们可谓动足了脑筋。

《五彩麒麟送子图》长方瓷板

（一）求子习俗

千百年来，重视生育的观念已经在中国老百姓心中根深蒂固，五花八门的求子习俗体现出人们对产育寄予极大的关怀：未生育者期盼早生孩子，有子者期望多子多孙、人丁兴旺。人们四处拜佛求神，虔心祈求，为生子想尽方法，寻遍捷径。

新婚是孕育新生命的开始。《礼记》有云："昏礼者，将合二姓之好，上以事宗庙，而下以继后世也。"[①] 从这句话中不难发现，古人认为婚礼只是婚姻的序幕，传宗接代才是婚姻最大的目的。因此，只要我们稍加留意就会发现，祝祷生育的习俗几乎贯穿了传统婚礼的始终。

其实，早在婚礼仪式开始之前就已经包含了大量的期待子嗣的元素。首先从女方的嫁妆来看：古代女性的嫁妆中总能见到一只色彩斑斓、油光锃亮的马桶，而且冠以"子孙"两字，或作"子孙马桶"，也作"子孙桶""百子桶"。在送嫁妆时，子孙马桶中要放五只红蛋。蛋为鸡子，"蛋"与"诞"同音，放了蛋在桶内，今后也就会"诞子"于桶了。放蛋要放五颗，取五子登科之意。过去，比较富裕的人家，会在给女儿陪嫁的衣橱、柜子的门上或是桌子抽屉面上绘制一些如鲤鱼、鸳鸯或是瓜藤这样的吉祥画，寓意多子多福、夫妻和谐。同样，男方家新房里的婚床上围栏的雕刻、床上用品的图案、床帐上方悬挂的"发禄袋"等饰物，也经常绘有石榴、瓜果等多子植物图案，寓意"榴开百子""瓜瓞绵绵"。在结婚的前一天，有些地方，男方要选多子的夫妇到新房铺床。铺床时，有些地方在被子里面放上皂角和筷子，寓意"造子"。有些地方边铺床还边唱喜歌："铺床铺床，儿孙满堂。先生贵子，后生姑娘。"铺好床后，新郎往往要邀请几位尚未成亲的男性亲友联床而眠，称之为"暖床"，作为将来生儿子的吉兆。有些地方还要请一个身体健康、聪明伶俐、长相好看、父母健在、家庭兴旺

① 郑玄注，孔颖达疏：《礼记正义·昏义第四十四》，中华书局，1977。

的小男孩到婚床“滚床”（就是让小男孩在婚床上玩上一会儿，可坐、可躺，俗称“逗窠蛋”），预祝新婚夫妇来年能生个这样的好儿子。另外，新婚夫妻的洞房里大多会张贴一些祝福新婚夫妇早生贵子的剪纸或彩图，《麒麟送子图》是最常见的。雪白健壮的男童，骑坐在麒麟身上，一手持莲，一手抱笙，有“连生贵子”之意，也有张贴《鲤鱼跳龙门》的，画上会有一个男孩骑在鲤鱼背上，或是一个男孩像鲤鱼一样，跃过龙门而成龙。

婚礼当天，祝祷生殖的习俗就更多了。江浙一带，新娘走出轿门时，以铜钱撒地，名为“鲤鱼撒子”，以此祝福新婚夫妇多生子女。在陕西省华县一带，迎娶新娘之前，男方舅舅家需要蒸老虎馍，并且要用红绳子把老虎馍拴在一起，新娘一到，就把老虎馍挂在她的脖子上，等到新娘进门之后方可取下来，然后新郎和新娘一起吃。老虎馍一公一母，公老虎馍上刻有一个“王”字，母老虎馍上画着一对飞鸟，寓意男子婚后要当家做主，女子应该夫唱妇随。有趣的是每个老虎馍上还有一只小老虎，寓意为新婚夫妇要早生贵子，而且所生的儿子还要像小老虎一样健康强壮。常熟乡村的新娘到男方家都要带几只篮子，“篮子”者，“来子”也，寓意明显。

新娘、新郎拜过天地之后，新郎手拉牵巾引领新娘进入洞房，此时地上要铺上麻袋，两人脚不着地，只能踏在麻袋上，几只麻袋相递而前，叫作“传宗（棕）接代（袋）”。

进入洞房，新郎挑去新娘方巾，一对新人坐床以后，就会有儿女双全的有福之人将瓜子、花生、红枣、栗子等杂果一把把地抛撒在喜床周围。枣子、栗子、桂圆、莲子，带有预祝新娘“早（枣）立（栗）贵（桂圆）子（莲子）”之意；花生、红蛋带有预祝新娘“开花（花生）结果（红蛋）”之意；红枣、花生，带有预祝新娘“早早（红枣）花生（三男二女隔开生）”之意。这种仪式叫“撒帐”，也是民间婚礼中最具代表性的祈子习俗。所谓“洞房花烛是大喜，恩恩爱爱小夫妻。红枣花生撒满床，祝愿早生状元郎”，正是撒帐习俗的生动写照。民间传说撒帐的习俗始于汉武帝。当年汉武帝迎娶李夫人时，将其迎入帐中共坐，饮合卺酒，并且预先告诉宫人，抛撒五色同心花果，武帝与李夫人用衣裾盛之。据说接到的花果越多，得子也越多。[①]今天，很多地方的农村还保留着撒帐习俗。有些地方虽然不再撒帐，但从向新郎、新娘撒纸花和撒彩色纸屑等习俗中仍能隐约窥见撒帐这种趋吉求子的古俗的影子。

在陕西华县、江苏扬州、江苏宝应等地，还有从窗户向洞房扔筷子的习俗。筷子将窗户纸戳破，象征着男女交媾。在扔筷子的时候，还伴有念诵的口诀。陕西华县迎姑婆通常这样唱："隔窗扔筷子，明年生太子。"婚礼中的求子习俗真可谓五花八门。

此外，在整个婚礼过程中，为了保证祈子愿望顺利实现，还要注意很多事项，比如娶亲、送亲的女人的条件。清代《惠州府志·婚嫁》中所记广东惠州地区"妇至门,必于亲好中取福寿兼全者扶之",此"福寿兼全者"就是所谓的"多子多福之人"。以"福寿兼全者扶之"，就是希望新人以后能够"多子多福"。

婚礼中的求子习俗只是一种未雨绸缪的措施，神灵保佑得麟儿是否有效，还是未知之数。此外，古时的人们对自己的身体构造和功能茫然无知，把孩子的出生当作上天的一种恩赐，人们往往认为子息的有无，全赖于冥冥之中的天意、神意。特别是对于那些婚后不孕、不育的人来说，更是如此，于是就有了一系列婚后的求子习俗。最常见的方法便是烧香拜神，众多的送子神仙也就应运而生。送子神仙名目繁多，既有碧霞元君、注生娘娘、送子观音、金花夫人、张仙之类的专职神灵，也有天官、福神这样的兼职神灵，还有数不尽的地方神灵。连汉代因出使西域而功业显赫的张骞都进入这个助人生育的神谱当中，据说是因为张骞从西域带回来了石榴，而石榴又有着"榴开百

① 参见康弘：《撒帐婚俗述略》，《民间文学论坛》，1994年第3期。

子，多子多福”之意。试列比较著名的送子神灵如下：

景德镇瓷器《观音送子》

碧霞元君，全称“天仙玉女碧霞元君”。“元君”是道教对女仙的尊称。史载宋真宗封禅泰山时，在山顶玉女池旁得一玉女石像，于是造神龛将石像供奉其中，封为“天仙玉女碧霞元君”，并建昭真祠祀之。因被发现前，玉女石像久居泰山，所以她又被称为“泰山老奶奶”“泰山娘娘”。《周易》云：“天地交，泰。”“泰”之意为“天地交而万物生”，于是很多人把这当作妇女生子的卦象，把碧霞元君视作主管生育、滋生万物的送子神仙。据明代竖立的“东岳碧霞宫碑”记载：“元君能为众生造福如其愿。贫者愿富，疾者愿安，耕者愿岁，贾者愿息，祈生者愿年，未子者愿嗣。子为亲愿，弟为兄愿，亲戚交厚，靡不相交愿，而神亦靡诚弗应。”由于碧霞元君有求必应，恩露广布，逐渐成为国人共同信仰拜祭的送子娘娘。“自碧霞宫兴，而世之香火东岳者，咸奔走元君。近数百里，远即数千里。每岁拜香岳顶者数十万众，施舍金钱币亦数十万，而碧霞香火视他岳盛矣。”在民间，碧霞元君作为送子娘娘，影响极为广泛，对她的信奉千年不衰，其神像多如牛毛，庙宇几乎遍布各个村镇。

向碧霞元君求子的方式俗称“拴娃娃”，《寿春岁时纪》里就有相关的记载。庙祝（寺庙中管香火的人）在碧霞元君的神座前面摆放着一些镀金的泥娃娃，想生男娃的就拴一个金男娃回家，求生女孩的就拴个金女娃回家。“拴娃娃”必须向庙祝交钱，称为“喜钱”。“拴娃娃”之后，如果如愿生子，须向送子娘娘“还子”，即将原来拴回家的泥娃娃披红戴绿送回原处，并进香还愿。在《中华全国风俗志》中，也有关于“拴娃娃”习俗的描述。传说北方民间有一户人家，女主人出门走亲戚，午饭在亲戚家吃，没回家。这户人家没有孩子，但邻居却听到她家有小孩子的哭声。原来是女主人拴来的泥娃娃饿哭了，拴来的泥娃娃也需要天天吃东西。

注生娘娘，俗称“注生妈”，又称“授子神”，是专司保护孕妇和儿童的女神。过去，民间妇女深信注生娘娘掌管着生命的开始、成长与结束。因此，怀孕、生产、婚后不孕、怀孕需要保胎以及初为人母的妇女，都虔诚地祭拜注生娘娘，祈求福佑，祈祷平安顺利地孕育生育。《封神演义》说，姜子牙奉元始天尊的命令，封三仙岛的云霄、琼霄、碧霄掌管“混元金斗”（意为产盆），不论诸侯天子、贵贱愚贤，落地均先从金斗转劫。在《封神演义》中，云霄、琼霄、碧霄合称“三姑”，又称“三仙童子”“坑三娘娘”，后人称之为注生娘娘。

注生娘娘的塑像一般是右手拿笔，左手拿一本生育簿，每一位妇女生男或生女，一辈子应该有几个子女，在注生娘娘的生育簿上都有详细记载，而且注生娘娘可以根据百姓祈愿进行删改。求子者，掷筊（同“掷珓”，也称“打卦”）许愿，如果得到注生娘娘的允准，可以将神坛上供奉的花簪子插在头上戴回家，祈求福佑，早日生子。

观音菩萨，本是佛教中的神，传入中国之后，其形象由一男子演化为“玉面天生喜，朱唇一点红”的女子，并以其无边的法力远远压倒了中国本土的神灵，以其女子形象得到女性的广泛崇信。保佑生育也是她的一项基本职能，并因之被民间赋予“送子观音”之称。送子观音面目和蔼，素袍白衣，怀抱一子，孩子面目白净惹人怜爱。民间相信，送子观音非常灵验。清人赵翼《陔余丛考》卷三十四载：“许洄妻孙氏临产，危苦万状，默祷观世音，恍惚见白氅妇抱一金色木龙与之，遂生男。”①

一般来说，观音诞辰是求子的吉日。《清嘉录》载：“（农历二月）

① 赵翼：《陔余丛考》卷三十四，河北人民出版社，1990。

十九日，为观音诞辰，士女骈集殿庭炷香……或供长幡，云求子得子。”[1]旧时山西民间有绣鞋求子的习俗，求子迫切的妇女，通常会绣一双小鞋，在年初的时候放到观音神像前，如果到了年终成功孕育，鞋子就一直放在观音那里，如果年终仍未得子，则把鞋子取回。成功生子者若想再得一子，必须重新做一双绣鞋供奉。求子灵验的最好证明是那些长年供奉于观音神像下的无数双绣鞋。甚至有些不育的妇女在参拜观音像时，还会偷佛桌上所供的莲花灯，“灯”与“丁”谐音，得灯则家中就可以添丁，也有的把佛像座下放的绣鞋拿回家去，以求得子。

过去，广州很多地方都有金花庙，供奉金花夫人。金花夫人又称“金花圣母”“金花娘娘”。金花夫人主司妇女顺利产子，是广州甚至整个广东一带信奉的送子娘娘。金花庙常附祀十二奶娘，又称“十二延女”或“十二婆姐”。据说，当地人前往祈求子嗣，十分灵验。妇女们有谣云：“祈子金华，多得白花，三年两朵，离离成果。”这里说的“白花”指的就是男孩。金花夫人成仙有多种说法。其中一种说法是，金花是一名女巫，五月初五端午节到湖边观看龙舟比赛，结果不

民国年画《财神叩门》

① 顾禄：《清嘉录》卷二，上海古籍出版社，1986。

小心掉进湖里溺死。后来尸体浮到湖面上，旁边还有个香木偶像，和金花生前模样一样。于是人们便建立金花庙供奉这个长相和金花相似的香木偶像。传说金花夫人的生日是农历四月十七（又说四月初八），每年这一天到金花庙祭拜求子的人络绎不绝。

送子神多是送子娘娘，但在这送子、护子神的队伍当中，还有一位送子男神张仙。关于张仙如何成为送子神，民间有不同的说法。其中之一说五代十国时期蜀国末代皇帝孟昶便是张仙。陆深的《金台纪闻》记载道："世所传张仙像，乃蜀王孟昶挟弹图也。"

后蜀被宋太祖赵匡胤于乾德三年（965年）消灭，皇帝孟昶投降北宋，其爱妃花蕊夫人也被宋太祖收进后宫。后来孟昶被宋太祖害死，花蕊夫人为了纪念他，就将他的画像挂在房中祭拜。被宋太祖发现后，花蕊夫人便假称是送子之神张仙。后来此事传到民间，人们开始把张仙作为送子神供奉。民间还有"张仙射天狗""图而求子"之说。《历代神仙通鉴》载，宋朝皇帝赵祯曾梦见一位面若敷粉、衣着华丽、长髯飘逸的男子挟着弓弹，对自己说："陛下因天狗守垣，故不得嗣。陛下多仁政，今天特为你用弓弹逐之。"他还自称身世："我是桂宫张仙。天狗在天上掩日月，到世间专吃小儿，只要一见到我就会逃跑。"宋仁宗梦醒后，马上命人按照梦中所见的张仙形象绘制出张仙画像，贴在宫中祈子。《海城县志》也有记载："居民生子不育，率皆供奉张仙。其像手张弓以射犬，群儿绕其下，谓能驱除天狗，则婴儿可保也。其神位概设于寝室门后，箭向外射。求子之妇女，或朔望，或朝夕，焚香叩拜，年节则设香烛供品，与诸神并祀。"明人郎瑛所著《七修类稿》中亦有苏洵梦见张仙的记载，梦中张仙手里捏着两个弹子，苏洵认为这是生子的吉兆，于是开始供奉张仙神像，后来果然得苏轼、苏辙二子。苏洵曾作《张仙赞》颂扬张仙显灵送子。民间张仙的雕塑很少，多是画像。画像中通常是一位头戴官帽、穿着华丽、长须飘逸的美男子，手持弓箭当空射天狗，膝下一群神态各异的儿童环绕着。过去，科学技术不发达，孩子生病导致早夭的现象很普遍，祈求神灵保护孩子健康成长是老百姓十分朴素的追求。过年祭神的时候，家家户户会买张仙画像，贴在烟囱旁边以防天狗从烟筒里钻进来吃小孩、吓唬小孩或者传染疾病给孩子。神像旁边通常还贴有对联，上书“打出天狗去，引进子孙来”，横联是“子孙万代”；或是“打出天狗去，保护膝下儿”，横联是“子孙绳绳”。送子神灵进入家庭，也印证了子嗣之于家族的重要意义。

既然祈子是关系家族绵延的头等大事，那么在各种重要的岁时年节，家族聚集的时刻，各种祈求生育的吉祥话在新年亲友见面的时候便常常挂在口边,如“添丁进口,大发财源”“添丁添禧,添子添福”等。为了讨来年添丁加口的彩头，湖南人在除夕的时候通常乘人不备，在摇篮里放一些竹筷子，寓意明年家中必定多生儿子。春节期间接待客人，主家一般都要摆四个盘子，即一盘枣子、一盘花生、一盘桂圆和一盘瓜子，以此表达早生贵子的愿望。福建泉州旧俗，元宵节时，娘家要为新婚女儿送上红、白成对的莲花灯和仙女送子灯，寄托娘家希望新娘早生贵子的愿望。

《长沙新年纪俗诗》记载：“妇女围龙可受胎，痴心求子亦奇哉。真龙不及纸龙好，能作麒麟送子来。”①这里描述的便是长沙当地麒麟送子的习俗。据传如果家有多年不育的妇女，龙灯（麒麟属于龙族，此龙灯代麒麟）到家之时，多给舞龙之人一些银两，请其将龙身围绕妇女转一圈，然后将龙身缩短，再让一个小孩骑上去，在堂前绕行一周，该妇女来年即可得子。作为仁兽的麒麟，既是吉祥的象征，又能为人带来子嗣。相传孔子将生之夕，有麒麟吐玉书于其家，上书“水精之子孙，继衰周而素王”，意谓有帝王之德而未居其位。南北朝时，对聪颖可爱的男孩,人们常呼为“吾家麒麟”,民间也有“麒麟儿”“麟儿”的叫法。人们普遍认为,求拜麒麟可以生育得子。杜甫《徐卿二子歌》

① 胡朴安：《中华全国风俗志》，岳麓书社，2013，第611页。

写道："君不见徐卿二子生绝奇，感应吉梦相追随。孔子释氏亲抱送，并是天上麒麟儿。"[1]

厦门有正月十五前后"钻灯脚"的求子习俗。平时难得出门的小媳妇们，穿上新衣，打扮得花枝招展，由家中女眷簇拥着到寺庙观灯。她们看灯，既非远观，也不近瞧，而是一群群地在花灯下挤来钻去，故意地引人注目。这时就会有顽皮的孩子喊道："钻灯脚，生男芭！钻灯脚，生男芭！""灯"与"丁"在厦门话里是谐音，世俗认为钻灯脚能添丁。这种愿望经由小孩子之口大声喊出，便具有了祝贺和代己向灯神求子的意义，是求之不得的大吉大喜。喊的人越多，小媳妇和姑嫂们就越高兴，没人喊反而败兴。

中秋节也是求子良机。中秋之夜，通常会由特殊人物或是亲朋好友向渴望得子的家庭及妇女本人做出象征性的"送子"举动。《东京梦华录》载："八月秋社……人家妇女皆归外家，晚归，即外公姨舅皆以新葫芦儿、枣儿为遗。"[2]把葫芦挂在媳妇的床上，作为求子的象征，这在唐宋时已成为普遍的民间风俗。在我国南方，有中秋节晚上"摸秋求子"的习俗。"摸秋"的对象大多为瓜。例如在湘西，中秋之夜，热恋中的男女要相伴去瓜田里偷瓜，以求婚后多生子女。《中华全国风俗志》记载了明清以来民间的此类风俗："乡村愚妇，有夜分私取园瓜，谓之摸秋，以兆生子。""中秋晚，衡城有送瓜一事。凡席丰履厚之家，娶妇数年不育者，则亲友举行送瓜。先数日，于菜园中窃东瓜一个，须令园主不知，以彩色绘成面具，衣服裹于其上若人形，举年长命好者抱之，鸣金放爆，送至其家。年长者置东瓜于床，以被覆之，口中念曰：'种瓜得瓜，种豆得豆。'受瓜者设盛筵款之，若喜事然，妇得瓜后，即剖食之，俗传此事最验云。"[3]在贵州民间，偷瓜宜晚上

① 彭定求等：《全唐诗》第 219 卷第 011 首，上海古籍出版社，1986。
② 孟元老：《东京梦华录》卷八，中州古籍出版社，2010。
③ 胡朴安：《中华全国风俗志》，岳麓书社，2013，第 331 页。

行之，偷时，故意使被偷人知道，以讨其怒骂，而且骂得愈厉害愈妙。偷瓜者将瓜偷来之后，为其穿以衣服，绘以眉目，装成小儿之状，乘以竹舆，由锣鼓送至无子之妇人家。受瓜之人，须请送瓜人食一顿月饼，然后将瓜放在床上，伴睡一夜。次日清晨，将瓜煮而食之，以为自此可以怀孕。苏州诗人蔡云《吴歈百绝》诗曰："早烧香斗祝团圆，蜡炬生未肯残。偷得番中藏绣被,更无情绪倚栏看。"即可见此种风习。

中秋之夜窃瓜求子，"中秋晚，有送瓜"，或是中秋时节送上象征多子多孙寓意的吉祥物等，体现出不同地区在岁时年节的祈子活动花样百出，而且这些方式大多都有家族中亲人的参与，这也折射出了整个家族对子嗣繁衍的追求。

（二）祛疾习俗

在古代中国，受到生活和医疗条件的限制，孩子的生养都不是一件易事。无法生育固然让人着急，即便怀胎产子，也不过是在子嗣繁衍的道路上迈出了第一步。孩子生下来之后，还要面对各种疾病，水痘、麻疹等随时都有可能夺走孩子幼小的生命。只有免除疾病的威胁，才能保证孩子顺利长大成人，绵延种族。于是，人们想方设法祛病防疾，其中既使用科学方法来预防与治疗，同时也伴随着祈求祝祷，希望获得神灵的庇佑。因此，在众多的民间庙宇中，与送子娘娘相伴的，往往还有不少与祛病防疾有关的娘娘。1935 年所修《莱阳县志》中列举了当地人信奉的能够祛病行医的神灵："痘有神，谓之痘哥哥、花姐姐；疹有神，谓之疹痘娘娘；腿疾则许杖于铁拐李仙；足疾则许鞋于翘脚娘娘；腹疼则许五脏于宝藏爷爷；筋疼则许麻经于筋骨老爷；目昏则许眼镜于眼光菩萨；耳聋则许耳轮于耳光菩萨；小儿咳嗽则许面饼于吼狗老爷……" 这段文字虽然写的是莱阳的风俗，但在很大程度上也代表了华北民间对于能够祛病避疾的神灵的崇拜风俗。这些神灵把人一生可能经历的疾病分门别类几乎全包括了，保佑孩子能结结实实长大成人。

不过为儿童祛病祛疾的神灵中最重要的还是痘疹娘娘。《红楼梦》

第二十一回里，巧儿出麻疹，王熙凤供的就是痘疹娘娘。痘疹是一种传染性疾病，包括水痘和麻疹，通常在婴幼儿时期发病，民间俗称“当差”。其中水痘的危害格外大，水痘又称天花，是历史上的文明杀手。在科学不发达、医药条件落后的情况下，孩童死亡率极高，天花曾经夺走了数亿人的生命。因此，出天花被视为儿童成长过程中的一个重要关口。俗语说“生了孩子只一半，出了天花才算全”，得来不易的子嗣一旦感染天花丧命，是多么令人惋惜和遗憾！出于恐惧，人们平日里连“痘疹”这两个字也不能说，生怕不小心一语成真。对于痘疹，在当时医学解决不了的情况下，老百姓只能寄希望于痘疹娘娘的庇佑，因此对痘疹娘娘格外敬重。因痘疹娘娘任务繁重，为了给娘娘分忧，帮助娘娘拯救患有痘疹的儿童，还出现了斑疹娘娘、挠司大人、报事灵童、挑水哥哥、施药仙官等分管痘疹的神灵，他们各自的职责不同，形象也有所不同。有的痘疹娘娘，身着绿衣，双手捧着一个大碗，盛满五色豆子。有的痘疹娘娘手持一个形状类似莲蓬的东西，上有许多斑点。挠司大人事实上是三位神灵，统称为“挠三大爷”。有三条黑狗在他们跟前立着，百姓认为挠司大人是给患病儿童挠痒痒的，黑狗则用舌头给患儿舔去痘疹。报事灵童是一个可爱的小童子形象，他的职责是向人们通报天花信息。挑水哥哥是一个头戴斗笠、穿着十分简朴的农夫形象，人们认为他可以挑神水帮助患儿洗去天花。施药仙官则可以用神药帮助患儿痊愈。如若得到痘疹各神庇护，患儿康复，则必须到娘娘面前还愿，称之为“谢奶奶”。有的地方“谢奶奶”仪式非常隆重，烧香拜祭之外，患儿父母还会请专门的扎彩匠人为司痘疹各神扎制衣服、仪仗及其所用器物等。

眼光娘娘是比较常见的一位神灵。她有时手托一只大眼睛，象征着明目祛疾；有时身着黄袍，两手在胸前各执一玉圭，右手的圭上有一只眼睛，下面写一个“日”字，左手的圭上也是一只眼睛，下面写一个“月”字，合在一起看是一双眼睛，下边是一个“明”字。因此，眼光娘娘又称“眼光明目元君”。民间相信，眼光娘娘乃泰山娘娘碧霞元君的属神之一，专主人间眼病。因此患眼疾的人都会去神前许愿，祈求眼疾痊愈，当心愿得偿后需要酬神了愿。旧时，闽中姑娘终日刺绣，极耗眼力，多祀眼光娘娘，祈佑双目清晰。此外，眼光娘娘还可以保佑儿童心明眼亮，志向远大。据说眼光娘娘还能够主管家庭孩子的数量和性别。故而，到庙宇中求子后，可在眼光娘娘座前求男女，保佑临盆有庆。

中国南方民间还有七娘妈信仰。七娘妈也叫七星娘娘、七星夫人、七娘夫人，被认为是保护孩子平安和健康的神，传说每年七月初七是其生辰。民间七娘妈信仰非常广泛，每年七月初七，家家户户自设香案进行供奉。供品种类繁多，有“浥饭”（油咸饭），也有糖粿（甜米团丸子）、软粿（一种中间凹下去的汤圆），还有胭脂、镜子灯等女用化妆品。有的供品部分洒向空中，部分留作自用，设供的同时人们口中念念有词，祈求七娘妈保佑自家孩子平安健康。民间相信，十六岁以下的儿童都需要七娘妈的护佑，因此要在孩子周岁前后，由祖母或母亲抱到寺庙去祈求七娘妈保佑，并用红绒线串上银牌、古币、锁牌等系在脖子上，一直戴到满十六岁那年的七月初七，去寺庙祭拜还愿，答谢七娘妈的庇佑的时候，才可以摘下来。过去在泉州，小孩出世的头年要拜“七娘妈”为干娘，乞求她的庇护，称“新契”。到了十六岁成年，孩子根基已固，可以脱离干娘了，再另行仪式，俗称“洗契”。

除了向这些神灵祈祷保佑儿童顺利成长，家庭中还会采取多种多样的仪式为孩子祈吉祛灾，求其长命百岁。

民国纸马《七娘夫人》

婴儿降生后一百天要过“百日”，也称“百岁”。前来送礼庆贺的亲戚主要有婴儿的姥姥、舅母、姑母、姨母等，平时来往得比较亲近的邻里和朋友也有来贺喜的。姥姥家除送衣物外，还要送百岁糕。其做法是将发好的面切成三角形，中间插一红枣，上笼用锅蒸熟。多数地方讲究送一百块百岁糕。婴儿的姑姑要送鞋，姨妈要送袜。俗称“姑做鞋，姨做袜，小孩活到八十八”“姑穿上，姨提上，小孩活到九十上”。婴儿百日，很多地方按习俗要给小孩洗澡剃头。剃头又称“剃胎毛”，这是婴儿第一次理发，要选择吉日，理发匠可以收高于成人理发的钱。一是表示婴儿大福大贵，头值钱；二是因为婴儿胎发难剃，理发匠须小心谨慎，颇费功夫。旧时，给婴儿理发一般是剃光头，只在后脑勺部留下一撮毛，还要梳个小辫，到八岁时再剃掉，俗称“八岁毛”，又叫“八十毛”①。俗话说：“八十毛，九十跟，丫丫葫芦小棒槌。”有了这个“小棒槌”就能长命百岁。

〔清〕丁观鹏《婴戏图》（局部）

在山东，大多数地方，婴儿在外祖母家住“满月”时，由舅舅剃落胎发，也多留“八十毛”。第一次剃发，一般要保留“添顶盖”上的胎毛不剃，认为这样可以“护命”。剪掉的头发可做成胎毛笔。所谓胎毛，即婴儿出生时与生俱来的先天毛发，其生成于娘胎，久经羊水滋润，具有自然发尖，相传具有特殊灵性。因此，自盛唐以来，中国民间就慢慢形成了制作胎毛笔来辟邪、祈福、纪念的风俗。唐代人齐己的《送胎发笔寄仁公》诗“内唯胎发外秋毫，绿玉新裁管束牢”

① 注：八十毛，实际上很多地方的小孩子都留过，在从前都是为了孩子好养活而留的，一般都是比较娇贵的孩子留着。

便是最好的证明。

为了保证孩子健康长寿、幸福美满，有些父母会给小孩取贱名，认为这样可使神鬼不重视，孩子不生病、好养活。比如：汉代大文学家司马相如原名“犬子”；大将军梁冀的儿子襄邑侯梁胤小名叫“胡狗”；汉武帝刘彻的幼名为“彘”，彘即是猪的意思。至今民间还有把“狗儿”“驴儿”作为小名叫孩子的。在古人的观念里，认为人的名字与人本身的状况有某种神秘的联系。据古人的观察，马、羊、牛、狗之类的生存能力比人强得多，对外界的适应性也比人强得多。以这些动物的名称为孩子命名，是希望孩子具有这些动物的生存、生活能力及对外界的适应能力。虽然这种做法没有什么科学根据，但也反映了古人养育孩子的一片苦心。

给孩子取贱名还有一个原因是为了避免孩子夭亡。古代卫生条件差、医学欠发达，小孩的夭亡率比较高。在古人的迷信观念里，认为死亡是人的灵魂被神鬼招走或抓走了。按照人的想法，鬼神当然会喜欢各方面都出众的小孩儿，为了避免引起鬼神对孩子的注意，取贱名成了保护孩子生命安全的一种办法。还有一种看法认为，名字由贫寒之人来起，才可以起到保佑孩子不被鬼神带走的作用。《红楼梦》第四十二回中，凤姐请刘姥姥为其女儿起名时就说：“……借借你的寿，二则你们是庄稼人，不怕你恼，到底贫苦些，你贫苦人起个名字，只怕压得住她。”①

民间流行的“认干娘”“认干爷”风俗同样也是为了保佑孩子的顺利成长。孩子出生后，如若算命先生断定新生儿命相不好或是体弱多病，家人会给孩子认干娘、认干爹（干爷）来转移命相，祈愿逢凶化吉。认干娘的孩子一般都是独子，做干娘的做干爷的必须都是身体健康、儿女双全的妇女和男子。人们认为这样的人身体健康、多子多

① 曹雪芹、高鹗：《红楼梦》，人民文学出版社，2000，第 446 页。

孙有福气，让孩子认了干娘、干爹（干爷），可以分上一杯羹，求个健康长寿。除了认人做干亲,也有认物的。比如有认“碌碡”做干亲的，“碌碡”与“留住”谐音，而且“碌碡”结实，寓意健壮。也有人认柳树做干娘，也意为“留住”，并且柳树的生命力非常旺盛，“无心插柳柳成荫”，寓意多子多孙。被选中做干亲在民间被认为是一种荣耀、吉祥的兆头，不能推却，而且会受到街坊邻居、亲朋好友的祝福。有些地方干娘或干爹（干爷）还要出钱为孩子打制银项圈或是银锁戴在婴儿脖子上。等到孩子十二岁的时候，干爹（干爷）或干娘还要给孩子摘下银锁或银项圈，谓之“开关”。民间传言银锁打开，婴儿不再有危险，命运注定的难关即可免除，从此无病无灾，健康长寿，一生平安。

很多地方由父母直接给幼儿戴长命锁，但也有些地方的习俗是父母不能给自己的孩子送长命锁。据说，要想保证长命锁灵验，制锁所用的银钱需要从左邻右舍等百户人家募集而来，然后请工匠打制，名曰“百家宝锁”。长命锁可以佩戴在孩子身上，也可悬挂在帐子里，除病祛灾，保佑平安。特别需要注意的是，必须向陈、孙、刘、胡四个姓氏募集银钱，取“存”“生”“留”“护”之意，讨个好口彩，图个吉利。也有用一整笔钱向沿街“叫花子”兑换零钱制锁的方式，原因是“叫花子”讨来的钱来自百家。在江西等地还有一种乡风，小孩初生，家长即用白米七粒、茶叶七片（意为吃饭、喝茶），分装成小红纸包，散发给亲友和四乡八邻，其数多达二三百包。亲朋好友和乡亲收下红包后，会以铜钱回礼，家长用这笔钱，请人打制“百家宝锁”。

旧时儿童成长不易，半途夭折者数不胜数，所以很多人相信小儿的成长过程中会有很多的“关煞”，即命中注定的灾难。避免这些灾难也成为儿童养育过程中的重中之重。四川各地流传有“撞桥关”的习俗。一般先由算命先生选定地点（一般是桥头），备酒菜、香烛和竹制弓箭等候。当遇着第一个成年男人时即上前拦着认干爹，说明孩子犯有“关煞”，不好养，请求其射箭为之去“关煞”。然后向干爹敬

长命锁

酒菜，孩子行跪拜礼，干爹给孩子取吉祥的名字，赠钱，礼毕，各自分手。有的日后还认作亲戚走动。

敬床母也是保佑孩子顺利长大的一种方式，也叫“敬铺母”。床母即床之神，祭祀床神属于自然崇拜的一种。人的一生中，有三分之一的时间是在床上度过的。因此，床神与人的关系是非常亲密的，受人祭拜也属自然。家里有小孩的人更要敬奉床母,保佑孩子平安健康。尤其是不会走动的婴儿，睡眠时间长，与床的关系更为密切，所以民间常以床母为儿童的保护神。敬床母指的是在床的东西南北四个方位都摆上一碗装得尖尖的咸饭，咸饭上放几粒炒花生米，床中间还要摆上有金针菇和鸡蛋的一碗汤。

此外，中国民间还认为特定的服饰也可以保佑孩子健康成长，比如虎头帽、虎头鞋等。因为虎头帽、虎头鞋皆以虎头为形状，看上去虎虎生威，有很强的震慑力量，能够保佑幼小的孩子远离疾病凶邪，吉祥如意。

在中国，虎头鞋、虎头帽等早已经成为老百姓用来保护孩子的吉祥物，其历史源远流长。民间有很多关于虎头鞋的动人传说，流传最广的要数大羊的故事。

很久以前，有一个名叫大羊的船夫，他慷慨大方、乐于助人。一天，村里来了一位年迈的旅行者，她对大羊的善良大加赞赏。临走时，她将一幅古画送给了大羊，画中是一个漂亮的姑娘正在用针线缝一双虎头鞋。大羊非常喜欢这幅画，就将画挂在了床头的墙上。

一天晚上，画中的姑娘突然从画中走了出来，与大羊共同生活。一年以后，他们生了一个男孩，一家人过着快乐的日子。然而不幸的事发生了。村长听闻了大羊家中有奇画的事后，蛮横地将画抢走了，画中的姑娘也因此消失不见。大羊对恶毒的村长恨之入骨，然而却无能为力。村长像大羊那样将画挂在了床头的墙上，每天都期待着画中女子能够下来，令他失望的是，什么事也没有发生。

大羊的孩子长大了，他总是不停地呼唤着自己的母亲，大羊只好哄骗他说，母亲已经去了遥远的西方，不能回来了。大羊的话毫无效力，孩子坚持要寻找母亲。孩子夜以继日地不停向西方航行，最终找到了他的母亲。母亲告诉他，只有当他穿着妈妈缝的虎头鞋走进村长的卧室，他们一家才能团聚。于是他回去告诉村长说，他可以将画中的女子请下来。村长急不可耐地将这孩子带入了自己的卧室。孩子看到自己的母亲，就大声地对着画召唤道："妈妈，我们走。"话音刚落，画中女子应声下地，搂起孩子就往外走。村长愤怒地向母子俩扑过来，那孩子勇敢地冲上去与其搏斗。正当这时，虎头鞋从男孩的脚上挣脱下来，变为一只斑斓猛虎，扑向那邪恶的村长……虎头鞋拯救了大羊一家。从那以后，人们开始为孩子制作虎头鞋，期望它能够保佑孩子与家庭的安全。

在中国民间，老百姓对老虎的辟邪驱凶功能深信不疑。有些地方讲究姑姑给侄子做三双不同颜色的虎头鞋。俗语说："头双蓝（取谐音拦），二双红（红能辟邪），三双紫落成（孩子长大成人）。"孩子穿了蓝、红、紫三双不同颜色的虎头鞋，定会安然无恙，平安长大成人。

还有些地方小孩满月的时候，舅舅家要送去一只黄布做的老虎，进大门时，还要将虎尾折断一节扔到大门外，希望孩子在成长的过程中免灾免难，祝愿孩子像老虎那样健壮有力。

总之，中国民俗中各种各样的求子方式以及为了孩子健康成长而采取的袪疾求吉行为，都体现了古人们对“子孙满堂”“多子多福”“人丁兴旺”的吉祥追求，表达了中国人的传统家庭观念以及对幸福未来的种种向往，这已经成为中国传统文化的重要组成部分。虽然二十世纪八十年代以后，随着计划生育政策的实施，新的婚育观念越来越深入人心，多子多孙已不再是一种普遍追求，少子精养的观念深入人心，但是很多传统习俗却依然保留在民间，成为年轻夫妇无子求子、有子求平安的一种吉祥追求。

二、殷殷期待夫妇和谐

如果说子嗣绵延是家族繁衍的保证，那么和睦的夫妻关系就是家族和谐的前提。婚姻美满与否，特别对于女性来说，是决定一生是否幸福的大事，因此，在对美满幸福婚姻的追求过程中，女性的付出要远远多于男性。她们向神灵、祖先祈祷，也向鬼怪狐魅讨教，利用一切可以利用的时机，为自己的幸福添砖加瓦，巩固婚姻的基石。从如意郎君到美满姻缘，再到婚后生活的和睦，幸福的吉祥追求伴随着古代女子的一生。

（一）牵红线的月下老人

幸福的婚姻首先要选对人。早在古代，婚姻中的男女就深刻地意识到，没有爱情的婚姻是不幸的，很多夫妻也在努力地寻求获得婚姻和谐的秘诀，以期达到美满的婚姻状态。这种努力其实在婚姻缔结前就已经开始了。尽管古代的婚姻讲究的是父母之命、媒妁之言，但其中仍然可以见到古人对于婚姻和谐美满的追求。古汉语中没有“爱情”这个词语，笃信天意的人们用“姻缘”这个词作为和谐婚姻的代名词。

因此，姻缘美满就成为家族信仰活动中的一项重要的吉祥追求。

月下老人是中国民间家喻户晓的掌管姻缘之神。老百姓认为男女婚姻命中注定，是月下老人早已用红绳系好的姻缘。月老的形象最早出现在唐人李复言所著《续玄怪录·定婚店》中。

> 杜陵韦固，少孤，思早娶妇，多歧求婚，必无成而罢。元和二年，将游清河，旅次宋城南店。客有以前清河司马潘昉女见议者，来日先明期于店西龙兴寺门。固以求之意切，旦往焉，斜月尚明。有老人倚布囊，坐于阶上，向月捡书。[①]

这位月下"倚布囊，坐于阶上，向月捡书"的老人，就是掌管姻缘的月老。自此，月老成了媒人的代名词。只要他用红绳把世间男女之足系在一起，即便是贫富悬殊、仇敌之家、天各一方，二人也会结为夫妻。月下老人以赤绳相系，确定男女姻缘，反映了古人姻缘前定的观念。古人以为天下之事皆前定，人之遭遇皆系之命，所谓命运不是自己可以确定和改变的。所以，终身大事亦是天定之缘，正所谓"结缡之亲,命固前定,不可苟求"[②],"伉俪之道，亦系宿缘"[③]。

北京妙峰山月下老人塑像

主管姻缘的除了月老，还有地曹的府君。唐代《广异记》中记录了这样一个故事。

> 张仁亶幼时贫乏，恒在东都北市寓居。有阎庚者，

① 李复言：《续玄怪录·定婚店》，上海古籍出版社，2012。
② 李复言：《续玄怪录·郑虢州騊夫人》，上海古籍出版社，2012。
③ 李昉、扈蒙、徐铉等：《太平广记·玉堂闲话·灌园婴女》，中华书局，2013。

马牙荀子之子也，好善自喜，慕仁亶之德，恒窃父资以给其衣食，亦累年矣。荀子每怒庚云：“汝商贩之流，彼才学之士，于汝何有，而破产以奉？”仁亶闻其辞，谓庚曰：“坐我累君，今将适诣白鹿山，所劳相资，不敢忘也。”庚久为仁亶胥附之友，心不忍别，谓仁亶曰：“方愿志学，今欲皆行。”仁亶奇有志，许焉。庚乃私备驴马粮食同去。六日至陈留，宿逆旅，仁亶舍其内房。房外有床，久之，一客后至，坐于床所。仁亶见其视瞻非凡，谓庚自外持壶酒至。仁亶以酒先属客，客不敢受。固属之，因与合饮。酒酣欢甚，乃同房而宿。中夕，相问行李，客答曰：“吾非人，乃地曹耳。地府令主河北婚姻，绊男女脚。”仁亶开视其衣装，见袋中细绳，方信焉。因求问己荣位年寿，鬼言亶年八十余，位极人臣。复问庚，鬼云：“庚命贫，无位禄。”仁亶问何以致之，鬼云：“或绊得佳女配之，有相，当能得耳。今河北去白鹿山百余里，有一村中王老女，相极贵。顷已绊与人讫，当相为解彼绊此，以成阎侯也。第速行，欲至其村，当有大雨濡湿，以此为信。”因诀去。仁亶与庚行六七日，至村，遇大雨，衣装湿污，乃至村西求王氏舍焉。款门，久之方出，谢客云：“家有小不得意，所以迟迟，无讶也。”仁亶问其故，云：“已唯一女，先许适西村张家，今日纳财。非意单寡，此乃相轻之义，已决罢婚矣。”仁亶等相顾微哂。留数日，主人极欢。仁亶乃云：“阎侯是己外弟，盛年志学，未结婚姻。”主人辞以田舍家，然有喜色，仁亶固求，方许焉，以马驴及他赍为贽。数日，成亲毕，留阎侯止王氏，仁亶独往，主人赠送之。其后数年，仁亶迁侍御史、并州长史、御史大夫知政事。后庚累遇提挈，竟至一州。[①]

这里自言为地曹的“客”，即“主河北婚姻”之神，他同样是通过以袋中之绳“绊男女脚”的方式，确定世间男女姻缘。世间男女之所以能成为夫妻，皆是由于地府冥吏以绳相系，是冥冥之中的命运安排。但是相较而言，银发老人于月下翻婚姻簿册，结绳以定婚姻的形象更具诗意，因而流传广泛，月下老人也就成为民间家喻户晓的婚姻之神。

既然婚姻如同命运，都是自己无法主宰的，那么，为了婚姻美满，伉俪和睦，人们就要虔诚地向月下老人祈求祷告，求其赐予自己理想的配偶。所以人们为月老设祠立庙，敬仰供奉。月老神信仰十分广泛，很多地方都能见到月老的身影。比较著名的如北京东岳庙、西安重阳宫、台湾大天后宫等，这些地方都设有月老神像，供人祭拜。一般来说，月老大多栖身在城隍庙和关帝庙中，也有的庙宇会专门辟出一殿来供奉月老，称为“鸿禧堂”。月老的形象多为慈眉善目的老头，手执红线团和姻缘簿。在那些美丽而浪漫的爱情故事里，月老手中的红线，成为未婚男女的期盼，未婚男女皆寄望于月老赐予他们理想的伴侣。已婚男女敬拜月老，希望月老赐予他们美满婚姻，让他们可以一起白头到老。月老的道具——红丝线，也成为重要的民俗物件，在婚姻生活中发挥着重要的作用，并成为一种吉祥的象征。古代男女成婚仪式上拜天地父母时牵红绸的安排，大约就是由此逐渐演化而来。《开元天宝遗事》中记载：“郭元振少时，美风姿，有才艺，宰相张嘉正欲纳为婿。元振曰：‘知公门下有女五人，未知孰陋，事不可仓卒，更待忖之。’张曰：‘吾女各有姿色，即不知谁是匹偶，以子风骨奇秀，非常人也，吾欲令五女各持一丝，幔前使子取便牵之，得者为婿。’元振欣然从命，遂牵一红丝线，得第三女，大有姿色，后果然随夫贵

---

① 戴孚：《广异记·阎庚》，中华书局，1992。

达。”[1]此事在《山堂肆考》等书亦有记载，即后世所谓的“红丝结褵”。

（二）七夕与乞巧仪式

农历七月七日，相传是牛郎、织女在鹊桥相会的日子。故这个特殊的日子，也成了民间求乞婚姻和美的重要时刻。牛郎、织女的传说如今早已是家喻户晓，其由来最早可以追溯到春秋时期。《诗经·大东》有言：“维天有汉，监亦有光。跂彼织女，终日七襄。虽则七襄，不成报章。睆彼牵牛，不以服箱。”[2]这时的织女、牵牛还只是天河二星，但却是牛郎、织女神话传说的雏形。后来，牛郎织女的传说在民间不断地扩展，情节越来越丰满，流传也越来越广泛。东汉末年的《古诗十九首》中的《迢迢牵牛星》已有了比较生动的细节描述：“迢迢牵牛星，皎皎河汉女。纤纤擢素手，札札弄机杼。终日不成章，泣涕零如雨。河汉清且浅，相去复几许。盈盈一水间，脉脉不得语。”在民间传说中，织女为天帝之孙、王母娘娘之外孙，织布之暇，常浴于银河。牛郎则为人间一孤儿，备受兄嫂虐待，分家时仅得一老牛。时天地相去不远，银河与凡间通连。牛郎遵老牛之嘱，去银河窃得织女天衣，织女不能去，遂与牛郎结为夫妻。经数年，得一儿一女，男耕女织，幸福和美。不料天帝查知此事，怒遣天神捉逮，王母恐天神疏虞，亦亲往。织女被捉，与夫及子女号哭痛别。时老牛垂死，嘱牛郎剖其皮，衣之登天。牛郎如其言，担子女追去，且及，王母拔簪划空，顿成滚滚天河。牛郎织女隔河相望，唯有悲泣。后终感动天帝，许其每年七夕鹊桥相会。现实生活中，青年男女被牛郎、织女幸福的男耕女织生活感动着，为他们被迫分离的命运伤心着，同时为自己未知的前途担忧着。纷繁的情感交织纵横，使得这个故事深入人心。而七夕这一民间节日的很多风俗也与这个神话传说有了不解之缘。未婚女子和

① 王仁裕：《开元天宝遗事》卷一，中华书局，1985。
② 王秀梅译注：《诗经·大东》，中华书局，2006。

年轻媳妇们在这一天向织女祈求祷告，希望获得如织女一般的灵巧双手，为自己未来的婚姻生活获取现实和精神上的保障。

传说在七月初七之夜，人们抬头就可以看到牛郎织女在银河鹊桥相会。据说，在葡萄树或是南瓜棚下细细倾听的话，还可以偷听到两人的脉脉情话。如果有幸能听到牛郎织女的悄悄话，未婚少女在日后就可以姻缘巧配，得到矢志不渝的爱情。因此，在这个浪漫的夜晚，无数有情人都会对着星空默默祭拜，祈祷自己的姻缘和美。

传说中，织女美丽聪明，心灵手巧，她有着纤纤玉手，飞舞金梭，能织出彩霞般的女红。因此凡间的女子都会在这一天晚上向她乞巧，希望仙女可以赋予她们灵巧的双手，让她们的女红技法更加完美，所以七月初七也被称为乞巧节。乞巧的方式多种多样。东晋葛洪在《西京杂记》中记载的“汉彩女常以七月七日穿七孔针于开襟楼，俱以习之”①，是迄今为止古代文献中人们所见到的最早有关乞巧的描述。

其他类似的记载还有：“七月七日，为牵牛织女聚会之夜。是夕，人家妇女结彩缕，穿七孔针，或以金、银、瑜石为针。”②

“齐武帝起层城观，七月七日，宫人多登之穿针。世谓之穿针楼。”③

“七夕，宫中以锦结成楼殿，高百尺，上可以胜数十人，陈以瓜果酒炙，设坐具，以祀牛女二星，妃嫔各以九孔针五色线向月穿之，过者为得巧之侯。动清商之曲，宴乐达旦。士民之家皆效之。”④

“九引台，七夕乞巧之所。至夕，宫女登台以五彩丝穿九尾针，先完者为得巧，迟完者谓之输巧，各出资以赠得巧者焉。”⑤

此外，还有以蜘蛛为象征的讨巧方法——喜蛛应巧。主要记载有：

---

① 葛洪：《西京杂记》卷一，中华书局，1985。
② 宗懔：《荆楚岁时记》，山西人民出版社，1987，第55页。
③ 顾野王：《舆地志》，上海古籍出版社，2011。
④ 王仁裕：《开元天宝遗事》卷一，中华书局，2006。
⑤ 王云五：《丛书集成初编·元氏掖庭侈政》，中华书局，1991。

“是夕……陈几筵、酒、脯、瓜果、菜于庭中以乞巧。有喜子网于瓜上，则以为符应。”[1]

“七月七日，各捉蜘蛛于小盒中，至晓开；视蛛网稀密以为得巧之侯。密者言巧多，稀者言巧少。民间亦效之。”[2]

“以小蜘蛛贮盒内，以候结网之疏密为得巧之多久。”[3]

“以小盒盛蜘蛛，次早观其结网疏密以为得巧多寡。”[4]

另外一种乞巧的方法叫投针验巧，盛行于明清两代。据《帝京景物略》载：“七月七日之午丢巧针。妇女曝盎水日中，顷之，水膜生面，绣针投之则浮，看水底针影。有成云物花头鸟兽影者，有成鞋及剪刀水茄影者，谓乞得巧；其影粗如锤，细如丝，直如轴蜡，此拙征矣。”[5]

除乞巧之外，这个属于女性的节日，总是要以女性的追求为最终的落脚点，很多少妇会利用这一时机祈求早生子。在七夕前夕，古人们通常会用蜡塑出各种各样的形象，有牛郎织女故事中的人物形象，也有鸳鸯、秃鹰等形象，将这些蜡像放在水上浮游，谓之“水上浮”。还有蜡塑的婴儿形象。民间认为，如若婴儿蜡像能浮游在水面上，则为妇女宜子之征，称之为“化生”，甚至还有人根据婴儿浮游水面上的某种状态将其称之为“宜男之兆”。

〔清〕《八月桐荫乞巧》图

无论是乞巧、祈美、求子还是求姻缘，七夕的祈求中总是贯穿着年轻女子对于

① 宗懔：《荆楚岁时记》，山西人民出版社，1987，第 55 页。
② 王仁裕：《开元天宝遗事》卷一，中华书局，2006。
③ 周密：《武林旧事》卷二，中华书局，2007。
④ 田汝成：《西湖游览志馀》卷二十，东方出版社，2012。
⑤ 刘侗、于奕正：《帝京景物略》，上海古籍出版社，2001。

婚姻幸福的渴望与追求，七夕也成为女性追求婚姻美满的又一吉祥日子。

（三）夫妻恩爱与“爱情巫术”

在古代，听从于父母之命、媒妁之言的夫妇，并非都可以享受到美满的婚姻生活。他们在婚前素未谋面，性格有别，要想琴瑟和谐、夫妻情笃还真不是一朝一夕之事。尤其是女性，为了得到丈夫的欢心，确立在家庭中的地位，或者为了保住丈夫的宠爱，避免丧失在家庭中的位置，甚至会采用各种各样的“爱情巫术”来达到目的。据说这种“爱情巫术”一旦施于人们的身上，即便那些感情不太融洽的男女也会立即变得柔情蜜意，恩爱万分。

明代小说《金瓶梅》中就对“爱情巫术”有详细的描述。潘金莲与仆人私通，被西门庆发现，好打一顿，备受冷落。潘氏不甘心，向算命先生刘理星求助。刘理星告诉了她一个可令丈夫回心转意的方法：“用柳木一块，刻两个男女人形，书着娘子与夫主生辰八字，用七七四十九根红线扎在一起。上用红纱一片，蒙在男人眼中，用艾塞其心，用针钉其手，下用胶粘其足，暗暗埋在睡的枕头内。又朱砂书符一道烧灰，暗暗搅茶内。若得夫主吃了茶，到晚夕睡了枕头，不过三日，自然有验。”按算命先生的解释就是“用纱蒙眼，使夫主见你一似西施娇；用艾塞心，使他心爱到你；用针钉手，随你怎的不是，使他再不敢动手打你；用胶粘足者，使他再不往那里胡行”。后来刘理星的巫术果然十分灵验，两三天后，西门庆即与潘金莲“似水如鱼，欢会异常”。

还有的“爱情巫术”是通过使用“爱药”来建立感情。“爱药”又称“媚药”，是“恋爱巫术”活动中的媒介物。爱药的种类千奇百怪，花样繁多。有植物花草类、动物类，还有一些属于人工合成物。如传说中的植物类“爱药”薇蒲草。据说郧县天心山有薇蒲草，风至不偃，无风自摇，夫妇佩之则相爱。唐传奇《霍小玉传》里有一种合成的“爱药”，用“相思子二，叩头虫一，发杀鞘一，驴驹媚少许”[1]，原料稀奇，有没有效用就不得而知了。此外，据传，像合欢树、合欢菜、蚯蚓等皆可制成“爱药”。

其实，不论是“爱情巫术”还是各种“爱药”，其所依据的都是“巫术”的交感效应，通过模仿或接触来达到以彼物类此物的作用。这些类似的应用在日常生活的很多地方都可以见到。如人们举行婚礼时，喜双忌单。因为“双”寓意成双成对，夫妻和睦，“单”则预示着形单影只，不能白头偕老。汉族婚礼中流行着请“全福人”（父母健在、儿女双全、夫妻和睦的女人）为新婚夫妇铺床的习俗。人们相信由这样的“全福人”为新人铺床，她的“福”就会传递给新人，其目的就是为了给新婚夫妇一个美好的预兆。其他如小男孩在新婚前夜“压床”，新床上撒枣子、栗子、花生、糖之类的东西，都是寓意早生贵子，有男有女，甜蜜恩爱等。这种以物寓意的做法自古皆然。段成式《酉阳杂俎》记载唐人婚礼“纳采有合欢、嘉禾、阿胶、九子蒲、朱苇、双石、绵絮、长命缕、干漆九事，皆有词：胶、漆取其固，棉絮取其调柔，蒲苇为心，可屈可伸也，嘉禾分福也，双石义在两固也”[2]。这些东西的经济价值并不高，人们看重它们，无非是希望能借其特质保佑婚姻永固，永远甜蜜，究其根源也算是一种变相的“爱情巫术”。

（四）婆媳和睦与丁姑信仰

在中国的家庭中，除了夫妇关系，其实还有更重要的代际关系，尤其是婆媳关系，这对于夫妻感情是一个至关重要的影响因素。“七出”的第一条就是不顺父母。在古代中国，女性出嫁之后，丈夫父母的重要性更胜过自身父母，妻子不孝顺公婆被称为“逆德”，是极端恶劣的行为。其实，不仅是不孝顺公婆，有时即使是孝顺但得不到公婆的

---

① 李昉、扈蒙、徐铉等：《太平广记·卷四八七·霍小玉传》，中华书局，2013。
② 段成式著，方南生点校：《酉阳杂俎·卷一·礼异》，中华书局，1981。

喜爱，也可以成为丈夫休妻再娶的合法理由。于是，能否得到公婆的欢心和肯定就成为每一个嫁为新妇的女人最为关心的事，也是决定其命运归宿的大事。唐代诗人朱庆馀的《闺意》诗有云："洞房昨夜停红烛，待晓堂前拜舅姑。妆罢低声问夫婿，画眉深浅入时无？"[①]就是描写新妇拜见公婆前那种忐忑不安的心情。唐朝诗人王建的《新嫁娘》诗中写道："三日入厨下，洗手做羹汤；未谙姑食性，先遣小姑尝。"[②]这更是体现了新妇入门后的那种小心翼翼的态度。在古代中国，家长制的统治地位，决定了父母在经济和文化上具有不可置疑的权威；再加上男尊女卑的传统观念影响，女子嫁到婆家之后，地位低下，基本上没有再选择的余地，只能老老实实地听从婆家长辈的指示和丈夫的安排，有时候还会受到小姑子等同辈人的欺负。对于新进门的媳妇来说，婆婆就是至高无上的权威。"千年的大路走成河，多年的媳妇熬成婆"，这句俗语把从媳妇到婆婆的艰辛历程体现得淋漓尽致。《孔雀东南飞》中的刘兰芝就是因为得不到婆母的欢心，即使与丈夫恩爱非常，也只能落得个劳燕分飞的结局。历史上，南宋大诗人陆游和他的原配夫人唐琬的爱情也是婆媳关系不和谐的牺牲品。民间信仰中，就有为众多身处家庭底层的妇女申发冤屈、祷告祈愿的神灵和庙宇——丁姑和丁姑祠。妇女们在丁姑面前虔诚祈祷，希望在获得丈夫欢心之外还能得到婆婆的喜爱，从而获得美满幸福的婚姻生活。

丁姑是魏晋时期的一位女神。干宝《搜神记》卷五中记载，一位娘家在丹阳县的丁氏女子，十六岁那年嫁到了全椒县的谢家做媳妇。自从嫁到谢家，她就陷入了终日劳碌的生活，婆婆对她十分苛刻，逼她每日不停劳作，如果不能按要求完成，就要受鞭笞。丁氏忍受不了这样的折磨，便在农历九月九日那天上吊自杀了。丁氏去世后在民间

① 彭定求等：《全唐诗》第515卷第070首，上海古籍出版社，1986。
② 彭定求等：《全唐诗》第301卷第022首，上海古籍出版社，1986。

显灵，依附巫祝之身说："念人家妇女，作息不倦，使避九月九日，勿用作事。"此后，江南人遂把丁氏称为丁姑，并建祠供奉。由此，九月九日重阳节这一天就成了妇女们的休息日。到了明代，重阳节也被人们叫"女儿节"。由此可见，丁姑信仰反映了古代身处社会、家庭底层的妇女们对家长滥用权威的不满以及对幸福婚姻生活的向往。

（五）妻妾无争与紫姑信仰

古代中国的家庭中，除了丈夫和妻子，往往还有侍妾。唐代诗人白居易、宋代词人苏轼的侍妾甚至比他们的原配夫人还更加有名。唐孟棨《本事诗·事感》云："白尚书（居易）姬人樊素善歌，妓人小蛮善舞，尝为诗曰：樱桃樊素口，杨柳小蛮腰。"由此得知，樱桃小嘴、杨柳腰、小蛮腰这些现代人听起来耳熟能详的用来形容美女的用语源自白居易。侍妾们不仅夺走了丈夫的宠爱，而且对于妻子在家庭中的地位直接形成威胁。妻子们为了争取自己的权益，往往会做出很多极端的举动以示反抗。文雅的有卓文君。传说汉武帝时，司马相如以《上林赋》得宠，封郎官，一时春风得意，欲纳茂陵女为妾。卓文君无法忍受，写下了著名的《白头吟》："皑如山上雪，皎若云间月。闻君有两意，故来相决绝。今日斗酒会，明旦沟水头。躞蹀御沟上，沟水东西流。凄凄复凄凄，嫁娶不须啼。愿得一心人，白头不相离。"哀怨凄伤，使司马相如大为感动，想起往昔恩爱，遂打消了纳妾的念头。泼辣的有唐太宗时兵部尚书任瑰之妻。据《朝野佥载》记："初，兵部尚书任瑰敕赐宫女二人，皆国色。妻妒，烂二女头发秃尽。太宗闻之，令上宫赍金壶瓶酒赐之，云：'饮之立死。瑰三品，合置姬媵。尔后不妒，不须饮；若妒，即饮之。'柳氏拜敕讫，曰：'妾与瑰结发夫妻，俱出微贱，更相辅翼，遂致荣官。瑰今多内嬖，诚不如死。'饮尽而卧，然实非鸩也，至夜半睡醒。帝谓瑰曰：'其性如此，朕亦当畏之。'因诏二女令别宅安置。”[1]

在古时，妻妾之间的关系处理不好，往往会使一个家庭陷于混乱的状态。避免这种状态的最好方法是要妻子不嫉妒。所以古人将妻子好妒当作“乱家”之迹，认为妻子嫉妒会造成家庭不和睦，而且妻子对丈夫纳妾的妒忌也不利于家族子嗣的延续。于是男人们不仅在伦理上将嫉妒作为女性不守妇德的缺点，并将之列为“七出”之一，而且还想方设法平息妻子们的怨气。笔记小说《钗小志》中记载有这样的故事：“梁武平齐，尽有其内，获侍儿十余辈，忌于郗后。左右进言曰：以鸧鹒为膳，可以止妒。”[2]中医古籍《延龄经》上还煞有介事地记载了一个疗恶妒方，据说是取丈夫脚下土，烧过后放在酒中给妻子服下，则即便丈夫娶百女，妻亦无怨言。但实际上效果如何就不得而知了。妻子们也会做出一些消极的抗争，比如前文提到的“爱情巫术”，很多是因妻妾争宠而产生的。

比较起来，那些身为侍妾的女子命运就更加悲惨。同样进入一个家庭，她们的地位却是最低的，就像《红楼梦》中的赵姨娘，虽然嫁给贾政，但身份永远是个姨娘，是伺候老爷的下人，就连亲生儿女也不能称自己为母亲，心中的伤痛难以名状。更不消说日常的起居、饮食了，侍妾总要低于正妻一等，甚至连侍妾的妆容也受到严格限制。唐代崔枢的夫人治家整肃，容仪端丽，不许群妾作时世妆。还有些侍妾遇到不够贤良的正妻，其境遇就更加可悲。唐代干宝之父有宠婢，其母妒甚，等到其父亡故，干宝母就将婢女活生生地推到墓中殉葬。由于身份低微，侍妾们即便得到丈夫的欢心也往往不容于世。唐中叶政治家、史学家杜佑，一生“治行无缺”，就因晚年以妾为夫人，为时人所不屑。更不用说，如果得不到丈夫的欢心，这些侍妾可能就会

① 张鷟：《朝野佥载》卷三，中华书局，1979。

② 陶宗仪：《说郛三种·钗小志·鸧鹒止妒》，上海古籍出版社，2012。

有失去生命的危险。

传说中的紫姑神就是这样一位命运悲惨的女人。紫姑的故事有很多版本,《异苑》云:“世有紫姑神,古来相传云是人家妾,为大妇所嫉,每以秽事相次役,正月十五日感激而死,故世人以其日作其形,夜于厕间或猪栏边迎之,祝曰:‘子胥不在’,是其婿名也;‘曹姑亦归’,曹即其大妇也;‘小姑可出’,戏投者觉重,便是神来。奠设酒果,亦觉貌辉辉有色,即跳躞不住。能占众事,卜未来蚕桑。”[①]按照《显异录》的记载,紫姑本是莱阳人,姓何名媚,字丽卿。寿阳李景之妾。李景之妻善妒,于正月十五将丽卿杀于厕中。后来天帝怜悯她,封其为厕神。所以后世人按其形做假人,晚间于厕间迎而祀之,用来占卜命途,俗称其为三姑。也有些地方的妇女按照紫姑之形做成木偶或纸偶,于元宵节晚上在猪圈旁边或厕所里进行祭拜,拜时口中念念有词,如果木偶像动了或者觉得沉了,就是紫姑神来了,可以问休咎祸福,也可以占卜蚕桑。这种民间祭祀被称为“卜紫姑”或“迎紫姑”。此风俗在唐宋极为盛行,李商隐有诗曰:“昨日紫姑神去也,今朝青鸟使来赊。”[②]“身闲不睹中兴盛,羞逐乡人赛紫姑。”[③]

紫姑神在民间被百姓赋予了超人的灵力,其出身微贱,命运凄苦,恰是古代社会广大妇女的写照。妇女们信奉紫姑神,因为紫姑神是妇女们自己的神灵。一个侍妾得到上至达官显贵、下至平民百姓的普遍信奉,其中固然有古人对于婚姻中弱势群体的同情,可谁又能说这里面不包含着古人对于家庭和睦理想的追求?

和谐幸福是婚姻的最高境界,在中国古代婚姻中具体的表现就是夫妻和美,子息众多,婆媳互敬,家庭成员和睦共处。为了达成众多的心愿,过去的人们依靠对不同职司的神灵虔诚祈祷拜求的方式,希

① 刘敬叔:《异苑》卷五,中华书局,1996。

② 彭定求等:《全唐诗》第540卷第120首,上海古籍出版社,1986。

③ 彭定求等:《全唐诗》第541卷第001首,上海古籍出版社,1986。

望愿望得成，在神灵的庇佑下寻找到幸福与吉祥的生活。

三、家宅安宁是长久愿望

国家康泰是国家层面对于吉祥的最高祈愿，百姓生活富足、安居乐业，地方安宁祥和、五谷丰登是一方社会最理想的吉祥表现。作为国家一分子的小家庭也有着自己的吉祥信仰追求，那就是祈求家宅平安，家道兴隆。家乃安居之所，家宅作为家庭成员最主要的生活场所，家宅平安与否关系到每个人的幸福乃至整个家庭的兴旺。因此古人们往往把造福降吉、免祸消灾的希望寄托在神的意志上，寄托在具有吉祥意义的灵物上，祈求神灵、吉物保佑家宅平安、家人健康幸福。

（一）一家之主"灶王爷"

民以食为天，所以灶神就是一家中理所当然的老大。灶神，俗称灶君、灶爷、老灶爷、灶王爷、灶君菩萨等。旧时灶神两边常有一副对联，上联是"二十三日去"，下联是"大年五更来"，横批是"一家之主"。在我国古代人们信奉的众多神灵中，灶神在民间的地位是很高的，因此，家家户户虔诚祭祀灶神，以祈福运。

当今的民俗学研究中，比较流行的观点认为灶神起源于火神崇拜。因为灶是盛火设备，各种有关食物的炊事活动也离不开火，于是人们便把灶神与火神崇拜联系在一起。考察历代的典籍记载，灶神大多与火神相关。柴萼曾在《梵天庐丛录》中汇集了有关说法："灶为五祀之一，昉于有夏。《淮南子》曰：'炎帝作火官死而为灶神。'汪葵《事物会源》以黄帝为灶神。《风俗通》以颛顼子重黎为灶神。《五经异义》以高阳氏后苏吉利为灶神。《敬灶全书》又有东南西北中五方灶神之目。《酉阳杂俎》谓灶君名隗，状如美女；又姓张名单，字子郭，夫人字庆忌，有六女，皆名察洽。或云神名浩，又名髻。”①

民国纸马《东厨司命》

祭灶作为一种重要的祭祀活动，在周代就是国家祀典之一；到了汉代，祭灶被列为日常祭祀的重要组成部分，也奠定了后世祭灶习俗的大体模式。祭灶时间也从孟夏之祭发展为腊日之祭，并逐渐固定在腊月二十三（或二十四日）。祭灶习俗之所以长盛不衰，与人们认为祭灶可得福的观念是分不开的。《史记·孝武本纪》记载，道教方士李少君就曾向汉武帝说，祀灶可得黄金，又可长寿，并能成为神仙。汉武帝对此深信不疑并开始亲祀灶。②

宋代洪迈《夷坚丁志》记载的“南城杨氏”的故事则是人因祭灶而得益的典型“例证”。因此世人愈发相信，祭灶可以得到灶神保护，免除灾祸。于是灶神由最初的掌火之主，变为一家人寿祸福禄的督察官。灶神平日里负责监督一家老小的善恶功过，定期上报天庭，以此确定人的寿数与家庭的福祸，其角色至为关键，逐渐被视为一家之主。《太平御览》中就记载有“灶神晦日归天，白人罪”的说法。③郑玄注《礼记·祭法》也说：“（灶神）居人间，司察小过，作谴告者尔。”

灶神可以直接向天庭汇报下界的情况，因此，古人认为，要想让

① 转引自杨荫深：《事物掌故丛谈》，上海书店出版社，1985，第104页。

② 参见司马迁：《史记·孝武本纪》，中华书局，1982，第453页。

③ 参见李昉：《太平御览·卷一八六·居处部十四》，中华书局，2011。

灶神在天庭上多说些好话，就得想办法讨好他。“与其媚于奥，宁媚于灶”的说法，在春秋时期就有流传。孔子也曾强调“媚于灶”的重要性：“不然，获罪于天，无所祷也。”[①]意思说得很明白，如果得罪了灶神，使得他在天庭上告了黑状，那么再去向其他神祈祷也是没用的。灶神在天庭上反映情况，那是典型的“一言堂”，他要说什么或者他想说什么，完全看他的心情。《抱朴子》说：“月晦之夜，灶神亦上天白人罪状。大者夺纪。纪者，三百日也。小者夺算。算者，三日也。”[②]如果灶神看你不顺眼，后果很严重：寿命可能会因此减少一百至三百天。想想看，这是一件多么可怕的事情。因此，如果祈求上天的福佑，那么在灶王爷面前就不要由着自己的性子乱来，而应该有所禁忌，如不能在灶前诅咒人、讲怪话、发牢骚，不能将污物、刀斧及其他凶器放在灶台上，不能将脏物投入灶内燃烧，不能用灶火点燃香烛，不能敲击灶台，更不能在灶王爷面前或者家中做坏事。这个“一家之主”就是个全方位的监察员，家庭成员如果做了不妥的事，灶王爷可是不答应。相传，朱元璋生于贫困之家，儿时的朱元璋常常沿街乞讨。一天，朱母在灶间做饭，一喜鹊突然飞来，连声叫喊：“朱家天下万万年！朱家天下万万年！”朱母十分诧异：“什么万万年，不要拿我家开涮，我家真能得天下，有二百七十六年就不错了。”朱母边说边生气地用勺子敲打灶台，以赶走喜鹊。灶神被朱母敲得鼻青脸肿，如实地向玉帝汇报了朱母的“诉求”，果然，由朱元璋开创的明朝便仅仅延续了二百七十六年。

祭灶人的身份没有贵贱、高低之分，上至王公大臣，下至黎民百姓都可祭灶，祭灶时不用排队等候，也不分你先我后，都于同一天在各自的家里进行。“二十三日去”，“初一五更来”，这是横批“一家之主”

① 《论语·八佾》，中华书局，2011。
② 葛洪：《抱朴子·微旨》，上海古籍出版社，1990。

两边的对联，连同灶王爷的神像一起张贴在灶台旁。每到腊月二十三（有些地方是腊月二十四），灶王爷必须要回天庭述职。这天的傍晚时分，人们要为灶王爷践行，在灶王爷的神像面前摆上供品，这就是世间统称的“送灶”，也叫“祭灶”。祭灶的形式大致相同：傍晚时分，各家将必要的供品虔诚地摆放在神像或者牌位（有些穷人家请不起神像，就用黄纸写上“灶王爷之神位”）前，还要准备好用木条、竹条或者高粱秸秆扎成的灶马及干草、干树叶制成的马料，富裕的人家还会撒上用“胡豆”制作的马料，大户人家的贡品会更加讲究。总之，要让马儿吃饱，顺利驮着灶王爷上路。祭灶的供品因时代、地区而异。春秋时期，物质十分匮乏，祭品比较简单，“心意到了就行”。汉代的祭品主要是黄羊，也有用大红公鸡代替黄羊的，这有点儿“贿赂”灶王爷的嫌疑。明朝则主要用糖饼、黍糕、枣栗、胡桃、炒豆等。其后则多用酒、肉、糕等，同样有着“贿赂”的意味。更多的地方是用饴糖、麦芽糖、年糕等黏性大的食物做供品，这些供品必须“强行”让灶王爷享用——把供品抹在灶王爷嘴上，使他张不开嘴讲话，以防止灶王爷上天后讲一些对家人不利的话。还有的地方用酒糟涂抹灶门，将灶王爷灌醉，使其回去沉睡几天，无外乎“灶君封住口，四季无灾忧”。民间还有“男不拜月，女不祭灶”的习俗，但很多人也不怎么在意。祭祀时要洗手、焚香、点烛、行跪拜礼，祈求灶王爷“上天言好事”，还要燃放爆竹，最后将旧灶神像及两侧的“上天言好事，下界保平安”的联语及“一家之主”“吉”“喜”字的横批连同纸马、纸马料等一起焚烧。有些穷人买不起灶糖，只好对着灶王爷念叨：“灶王爷本姓张，一碗凉水三炷香。今年日子过得苦，来年再请你吃糖。”也有些地方有为灶王爷坐骑撒马料的习俗，从灶台直撒到厨房门外。用黄羊祭灶缘于一个故事：据《后汉书·阴识传》载，西汉宣帝时，阴子方事亲至孝，积善有德。在腊月的一天早晨，灶王爷突然在他家灶台旁现身，一家人跪地谢恩并宰杀黄羊供奉。阴子方其后连年发财，阴家成了大户人家，众人皆效仿，也都在腊月宰黄羊祭灶。“黄羊能致富，青钱可通神”，也成了当时的“名言”。宋代范成大《祭灶词》极其生动地反映出当时民间祭灶的情形：“古传腊月二十四，灶君朝天欲言事。云车风马小留连，家有杯盘丰典祀。猪头烂熟双鱼鲜，豆沙甘松粉饵圆。男儿酌献女儿避，酹酒烧钱灶君喜。婢子斗争君莫闻，猫犬触秽君莫嗔。送君醉饱登天门，杓长杓短勿复云，乞取利市归来分。”[1]

送灶神上天后，还要将其接回来。《清嘉录》中说：“安灶神马于灶陉之龛，祭以酒、果、糕、饵，谓之‘接灶’。谓自念廿四夜上天，至是始下降也。或有迟至上元夜接者。”[2]即于除夕或新年后再请（买）一幅新画像，将灶神请回贴上。清代吴曼云《江乡节物词》云：“迎神薪突正衣冠，灶马纷纷乍解鞍。来复只须占七日，笑他人说上天难。”其中描绘的接灶景象，就像人们欢迎出了趟远门回家的亲人一样，也迎合了“二十三日去，初一五更来”的“七日”时间。在灶王爷升天的七天里，人们可以放肆一下：聚众玩闹、胡吃海喝，做些平时不敢做的事。由此可见人们对于灶神的敬畏之情。

（二）无处不在的家宅神

旧时过年，祭祀各种家神也是非常普遍的民间风俗。在多神论观念的影响下，中国古代民间相信“有一物则有一物之神”，认为万物皆有相对应的神：进门有门神，灶上有灶神，上床有床神，水井有井神，厕所有厕神……而百姓们则抱着“礼多人不怪，神多保平安”的心态向其一一供奉香火。这些身在家宅之中的各种神灵，与人们的生活息息相关，对他们的香火供奉体现了人们对于家宅安宁的吉祥向往。

门神是守护宅门的神灵，是民间最受人们欢迎的保护神之一。门神崇拜，体现了百姓对于各种自然现象的疑惑、对于鬼怪的敬畏以及对于邪祟的厌恶。他们想象，有一个宅院的保护神无时无刻地守卫着

① 范成大：《范成大诗选·祭灶词》，人民文学出版社，1997。
② 顾禄：《清嘉录》，上海古籍出版社，1986，第 190 页。

全家，以此获得精神上的安慰和满足。最常用的祭祀办法便是供奉门神。旧时人们都将其神像贴于门上，用以驱邪辟鬼，卫家宅，保平安，助功利，降吉祥等。据《礼记》记载："王自立为七祀，诸侯为国立五祀……大夫立三祀……适士立二祀……庶士、庶人立一祀，或立户，或立灶。"由此可见，自先秦以来，上至天子，下至庶人，都习惯于供奉门神。"门神门神骑红马，贴在门上守住家；门神门神扛大刀，大鬼小鬼进不来。"这是歌剧《白毛女》中喜儿的唱词，她唱出了春节人们贴门神以求安宁的心态。

如果要追溯最早的门神，应该是神话中的神荼和郁垒。《山海经》里有这样一则故事："沧海之中，有度朔之山。上有大桃木，其屈蟠三千里，其枝间东北曰鬼门，万鬼所出入也。上有二神人，一曰神荼，一曰郁垒，主阅领万鬼。恶害之鬼，执以苇索而以食虎。"[①] 因为神荼、

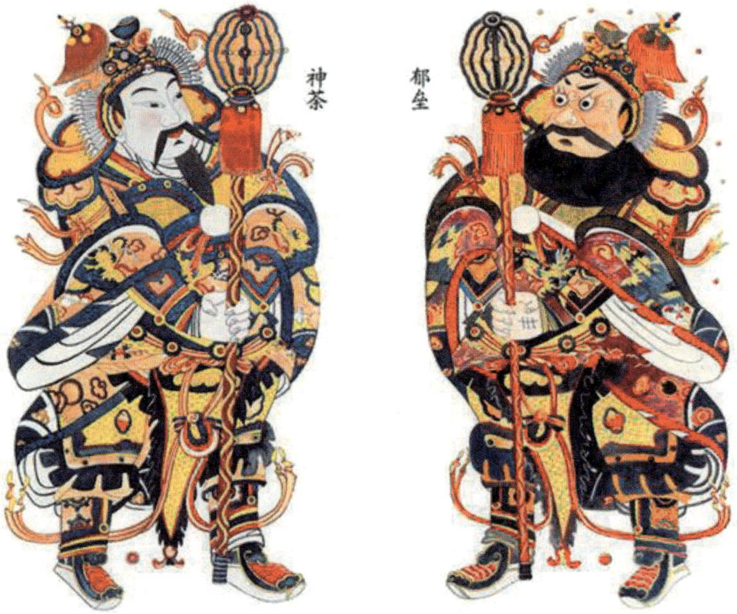

神荼、郁垒

① 王充：《论衡·订鬼篇》，上海人民出版社，1974。

郁垒能够惩罚作恶之鬼，于是人们就常在腊冬除夕，将苇茭、桃木剑挂在门上，代表他们两个，并在门上画一只虎，以此骇鬼。《枕中书》称郁垒为东方鬼帝之一，并称“今人正朝，作两桃人立门旁，以雄鸡毛置索中，盖遣勇也”①。此后，二神一直为人们所信仰。至于这两个神的形象，《三教源流搜神大全》中有一幅画栩栩如生：二神位于桃树下，袒胸露乳，黑髯虬须，眉发耸互，头生两角，手执桃木剑与苇索，一副凶神恶煞的样子，难怪鬼见了都害怕。

继捉鬼喂虎的神荼、郁垒之后，在唐代出现了另一位门神——钟馗，他不但捉鬼，而且吃鬼，所以人们常在除夕之夜或端午节将钟馗画像贴在门上，用来驱邪辟鬼。

这种习俗起自唐代。据记载，玄宗时，每逢岁终春临之际，宫中会将钟馗的形象绘制成画，连同新日历各一轴，“奉宣圣旨”颁赐给朝廷官员，悬挂在家里，以为“屏祛群厉”、驱除邪祟之用。②“中使至，奉宣圣旨，赐画钟馗一及新历日一轴……屏祛群厉，缋神像以无邪；允授人时，颁历日而敬授。”③这种年节悬挂钟馗像镇鬼的做法，得到了后世朝廷的认同，形成风俗，世代延续，逐渐流到了民间。

民间传说中，钟馗的故事更加生动。据说钟馗少时即才华出众，后赴长安参加武举考试，却因为相貌丑陋没有中举，于是恼羞成怒，撞死在殿阶上。唐高祖听说后特别赐给红官袍予以安葬。后来唐玄宗偶患脾病，请了许多医生救治，效果不佳，宫廷上下都很着急。一天晚上唐玄宗睡着后，忽然梦见一小鬼偷窃宫中财物，沿着殿墙边逃跑。唐玄宗急忙喊叫捉拿，只见一位相貌魁伟的大丈夫跑上殿来，捉住小鬼，刳目而吃之。玄宗问他是什么人时，他回答说是“武举不中进士钟馗”。第二天，唐玄宗的病就好了，于是请来画师吴道子将钟

① 葛洪：《枕中书》，清宣统石印本。

② 参见刘锡诚：《钟馗传说和信仰的滥觞》，《中国文化研究》，1998年第3期。

③ 李昉等编：《文苑英华》，中华书局，1966，第3093页。

馗的像画了下来，所画之像与玄宗梦中所见一模一样。玄宗大悦，将其挂于宫门之上，作为门神。于是钟馗便成了民间驱鬼捉鬼的神将。清人富察敦崇《燕京岁时记·天师符》称："每至端阳，市肆间用尺幅黄纸，盖以朱印，或绘画天师钟馗之像，或绘画五毒符咒之形，悬而售之。都人士争相购买，粘之中门，以避祟恶。"① 钟馗在画像中豹头虬髯，目如环，鼻如钩，耳如钟，头戴乌纱帽，脚着黑朝靴，身穿大红袍，右手执剑，左手捉鬼，怒目而视，一副威风凛凛、正气凛然的模样。

桃花坞年画《钟馗骑驴》

要辟邪驱鬼，武功盖世的武将当然是首选。秦琼、尉迟恭便是门神中武将的典型代表。相传，有段时间唐太宗寝宫门外老是似有鬼叫声，扰得三宫六院夜不能寐，人心惶惶，太宗本人也睡不好。太宗问计于大臣。秦叔宝说，我一生杀敌众多，什么鬼也不怕，愿意与尉迟恭一起穿戎装在宫门外守护。当天晚上，二人立于宫门两侧，宫中寂静如初。太宗觉得整夜让二人守宫门，实在辛苦，就命画工画了二人戎装披挂像，悬挂在两扇宫门上，从此邪祟得以平息。元代以后，这二位便一直被奉为门神。《清嘉录》云："夜分易门神。俗画秦叔宝、尉迟敬德之像，彩印于纸，小户贴之。"② 清《新搜神记》记载："今

① 潘荣陛、富察敦崇：《帝京岁时纪胜·燕京岁时记》，北京古籍出版社，1981，第 65 页。
② 顾禄：《清嘉录》，上海古籍出版社，1986，第 185 页。

世俗相沿，正月元旦，或画文臣，或书神荼郁垒，或画武将，以为唐太宗寝疾，令尉迟恭秦琼守门，疾遂愈。”①

明清至民国期间的武将门神在全国各地各有不同。北京多用白脸儿的秦叔宝和黑脸儿的尉迟敬德；河南人所供奉的门神为三国时期蜀国的赵云和马超；河北人供奉的门神是马超和马岱；冀西北则供奉唐朝的薛仁贵和盖苏；陕西人供奉孙膑和庞涓、黄三太和杨香武；重庆人供奉明朝末期“白杆军”著名女帅秦良玉；而汉中一带张贴的多是孟良和焦赞这两条莽汉子。由此可见，人们常常借助武将的勇猛雄威，震慑邪魔不得进入。

此外，中国民间还有在门户悬挂神怪之物恐吓妖魔、驱鬼辟邪的习俗。如《梦溪笔谈》载：“关中无螃蟹。元丰中，余在陕西，闻秦州人家收得一干蟹。土人怖其形状，以为怪物。每人家有病虐者，则借去挂门户上，往往遂差。不但人不识，鬼亦不识也。”②

门神崇拜充分体现了百姓趋吉避凶的淳朴愿望，因此，除了能够“驱鬼辟邪”保平安的武门神，还有一类“祈福迎祥”的文门神。人们希望从他们那里获得功名利禄。这类门神中一类是文官门神，以赐福天官居多，其功能多与升官发财有关；另一类祈福门神则与多子多福、延年益寿有关。有时二者也配对使用，大都张贴于院内堂屋门上，含有迎福进财之意。门神旁还常常添画上一些吉祥物，多用谐音，取其吉利，以借双关之意。如爵、鹿、蝠、喜、马、宝、瓶、鞍等，寓意“爵禄福喜，马报平安”。即使是怒目圆睁、凶猛吓人的钟馗像，画面上也常常配有蝙蝠和蜘蛛，蝙蝠的“蝠”与“福”同音，意味着“幸福来临”。于是民间形成以天官、状元、福禄寿星、和合、财神等为门神的风气。

---

① 李调元：《新搜神记·神考》，清抄本。
② 沈括：《梦溪笔谈》卷二十五，上海古籍出版社，1980。

形形色色的门神张贴在大门上，构成了中华民族欢度春节的一道景观。对门神的崇拜，也由从前的驱鬼逐邪衍化为祈福求祥了。

井神也是重要的家宅神之一。吃水用水从来都是人们生活的首要问题，除了一些河水外，大部分城乡居民在很长的历史时期内，吃水要靠水井，因此，水井神也便成了大家的信奉之一。水井神亦称“井泉龙王”，是与人们生活息息相关的家神之一。祭井神的习俗各地基本相似。每逢春节，人们都在年三十上午或下午到水井挑水，把自家的水缸、盆和锅都盛满水，以备三十晚、初一、初二这三天使用，井神也便歇息三天。春节后第一次挑水时要烧纸祭井，这一活动也叫“拜井神”，意思是井神一年来为村里人供水辛苦了，过年这几天也让井神休息一下，以使新的一年井水更旺、更甜、更纯净。

井神一般没有自己的庙宇，塑像也很少，但也有一些地方会在井旁放有神龛以供奉井神。有的井神还是一男一女两尊石像并肩而坐，这是井神夫妇“水井公”“水井妈”，如同土地公公、土地奶奶一样。

还有前面提到过的床神。除了祈子之外，床神还有保佑家宅的功能。对床神的祭祀风俗由来已久，宋朝已流行此俗。宋人杨循吉《除夜杂咏》诗中“买糖迎灶帝，酌水祀床公”之句，即是指此。俗传床神是一对公婆，床婆贪杯，而床公好茶。《清嘉录》载：“以酒祀床母，以茶祀床公。”[①] 这叫男茶女酒。祭床神时，置茶酒糕果于寝室，祈“终岁安寝”。祭祀时间各地不一，有的地区在除夕接灶神后接着祭床神，而有的地区在上元日后一日，即农历正月十六祭床神。

在家宅之中，还有一个地方是不可或缺的，就是茅厕，自然也有掌管茅厕的厕神。茅厕虽为污秽之处，但厕神的影响在旧时还是很大的。关于厕神，在我国有许多传说，甚至还分为“厕神”与“厕鬼”。其中最著名的要数紫姑，其故事已在前文中有所介绍。厕神在各地有

① 顾禄：《清嘉录》，上海古籍出版社，1986，第 191 页。

不同的名称。如山东邹县曰“厕姑”，广东曰“厕坑姑”，苏州、绍兴称“坑三姑娘”。祭祀的地方也往往不一：绍兴有的县是在灰仓里迎请，故称“灰接姑娘”；苏州有些地方是在门角边迎请，故叫“门角姑娘”；常熟一带则称“门枢娘娘”。有的地方则因象征之物不同，而给予紫姑不同名称，如江西用瓜瓢象征紫姑，故称之为“瓜瓢姑娘”，类似的，浙江宁波称其“筲箕姑娘”，浙江海宁称其“箩头姑娘”，还有称紫姑为“笤帚姑”“针姑”“苇姑”者。

许多地方有正月十五（或正月十四夜）祭厕神的风俗。各地迎请厕神的内容和目的主要有两点：一是占卜蚕桑及众事。《帝京景物略》谓“三祝”后“神则跃跃，拜不已者，休（吉）；倒不起，乃咎也”。[①]福建有些地区，又衍生出另一习俗。《闽杂记》云：“闽俗，妇女多善扶紫姑神。上诸府则在七月七日，称为姑姑，下诸府则在上元夜，称为东施娘。又下（诸）府未字少女，多于是日潜揭门前所贴春联，于紫姑前焚之，以为他日必得读书佳婿。”[②]二是作“射钩”之戏。具体做法已不详。据《酉阳杂俎》《梦溪笔谈》等载，还有请紫姑作诗、写字、下棋等游戏。如今六十岁以上、曾在农村生活过的人，大多记得当年“接坑三姑娘”的热闹场面，不少人还深信“坑三姑娘”的暗示是相当灵验的。扶乩时，银针胡乱地在沙盘里划出毫无规则的天书般的“符号”，扶乩人即依照此“符号”给人占卜。后来文人也参与了这项活动，他们将这种“符号”归纳成约一百种形状，每一种形状配上一首诗，这种诗名曰“乩诗”，可用来解释神灵的指示。从以上各地迎紫姑的活动看，厕神的职责主要不是司人家之厕，而是代卜人事吉凶和与人一起游乐。传说她们常常做好事，因此，人们对厕神非常尊敬。

---

① 参见刘侗、于奕正：《帝京景物略》，上海古籍出版社，2001。

② 施鸿保：《闽杂记》，福建人民出版社，1985，第88页。

旧时民间相信“万物有灵”，这种观念下，连小小的镜子也被赋予了神奇的力量。镜听是古代民间预测吉凶的一种传统习俗，又名“耳卜”。据《月令萃编》记载：“元旦之夕，洒扫置香灯于灶门，注水满铛，置勺于水，虔礼拜祝。拨勺使旋，随柄所指之方，抱镜出门，密听人言，第一句便是卜者之兆。”镜听可以占卜年景的好坏、旅途的吉凶以及各种祸福休咎，非常灵验。唐代诗人李廓《镜听词》中“匣中取镜辞灶王，罗衣掩尽明月光，昔时长著照容色，今夜潜将听消息”[①]说的就是镜听的情景。新年伊始，古代女子首先想到的是暗怀妆镜，在街上窃听路人的言谈，借此来预卜在外亲人的吉凶。这种做法听起来有点像天方夜谭，但却流传千年，寄托了人们对未来顺遂的渴盼。唐朝诗人王建在《镜听词》中描绘了这样一幅图景：“重重摩挲嫁时镜，夫婿远行凭镜听。回身不遣别人知，人意丁宁镜神圣。怀中收拾双锦带，恐畏街头见惊怪。嗟嗟嚓嚓下堂阶，独自灶前来跪拜。出门愿不闻悲哀，郎在任郎回未回。月明地上人过尽，好语多同皆道来。卷帷上床喜不定，与郎裁衣失翻正。可中三日得相见，重绣锦囊磨镜面。”[②]一位小女子在万民同乐的良辰美时，战战兢兢地踯躅街头，把自己的命运完全托付给身边的“神镜”，路人随意说出的一句吉祥语，竟给她带来了莫大的精神慰藉，以至于兴奋得彻夜难眠。

关于镜听，还有很多民间传说。相传江苏昆山有名的徐乾学三兄弟，未中进士前，相约在除夕夜去镜听。父亲知道他们的打算，预先出去藏在门外，等儿子一出门，他突然拦在儿子们面前作了一个揖，说：“恭喜你们兄弟三鼎甲。”三兄弟知道父亲是在开玩笑，掉头就跑。不料迎面撞见两个醉鬼，搂背抱肩而来。其中一个抱着另一个的肩膀，嘴里不干不净地占着便宜说：“痴儿子，你老子的话是不错的！”兄

① 彭定求等：《全唐诗》第479卷第046首，上海古籍出版社，1986。
② 彭定求等：《全唐诗》第298卷第056首，上海古籍出版社，1986。

弟三人也不知这胡话是否该信。不过后来，三兄弟皆中科举，老三徐元文是顺治十六年（1659 年）的状元，老大徐乾学是康熙九年（1670 年）年的探花，老二是康熙十二年（1673 年）的探花。

除了供奉与日常饮食起居有关的设施器物神外，旧时以北京为中心的华北地区,民间还广泛流行着“四大门”的信仰。所谓“四大门”，又称“四大家”，是对狐狸、黄鼠狼、刺猬、蛇四种动物的总称。这四种动物长期与人类为邻，隐蔽地穿行于家宅、墓地等处，行迹诡秘，机警、狡黠，给人们一种神秘感，甚至是一种畏惧感，再加上一些民间传说的附会，就形成了对这四种动物的崇拜。人们还给这四种动物冠以人的姓氏 :称狐狸为“胡门”,黄鼠狼为“黄门”,刺猬为“白门”,蛇为“常门”或“柳门”，合称“胡、黄、白、常四大门”。有些地方把老鼠（“灰门”）也加进去，称“五大门”。古时人们认为这四种动物都是有灵性的，如果时常烧香供拜，它们就会保佑家宅平安，诸事顺遂，五谷丰登；如果冒犯了它们，就会招来灾祸。

“四大门”中,狐仙信仰在民间最为流行,而且起源很早。汉魏时代,狐仙多称“阿紫”，且是女性。唐代张鷟《朝野佥载》云 :“唐初以来，百姓多事狐神，房中祭祀以乞恩，食饮与人同之，事者非一主。当时有谚曰 :‘无狐魅，不成村。’”[①] 到了近代，华北地区民间的狐仙信仰更为盛行，许多人家都供奉狐仙，甚至连北京故宫内也供狐仙护卫宫廷。

“四大门”中的蛇，奉祀的地区更为广泛。江苏宜兴将蛇分为家蛇和野蛇。所谓家蛇，指生活于住宅内的一种无毒蛇，长约三尺许，常盘绕于梁、檐、墙缝、瓦楞、阁楼等处。据说家蛇可以吃老鼠，防其他毒蛇入侵，并且还能对天灾发出警报。

泰宁县上青镇的山村，在除夕夜要在厅堂、走廊、屋檐下的每个

① 张鷟：《朝野佥载》，中华书局，1979，第 167 页。

墙角都插上香，并在小碟里放些供品，祭祀家蛇，感谢它的恩泽。在闽西北不少深山区，古宅主人普遍崇敬镇宅蛇神，以有家蛇为福，任其活动，敬称其为“青龙菩萨”。老人们常说：“家蛇盘，福聚财。”家蛇去意味着家室败落，家蛇留意味着家道兴盛。甚至，如果亲眼看见家蛇从家中老宅离去者，会有大凶。在一些故事里，家里有了家蛇，米囤里的米就会自行满溢而取不空。相传在山西汾西县城西三十公里的姑射山脚下，有一个村庄叫成家庄。成家庄最豪华的院子是角楼院，据说当年在兴修角楼院时，主人就曾得一神蛇相助。当时，主人家的日子过得并不富裕，但仍咬着牙下了建宅的决心。在动工修建时，主家仅有一瓮小米。不曾想在主家老妇舀米时，发现瓮内盘有一条白蛇，善良的女主人轻轻地把它推到旁边，舀完米后又轻轻地将其复位。后来再舀米时，白蛇便自觉地躲在一旁，但老妇人发现，瓮中小米并没有减少，还保持在原来的位置。就这样日复一日，一直到角楼院修建完工，瓮中的白蛇才消失。再舀米后，米才有所减少。当地人为感谢白蛇的帮助，从此便称成家庄为蛇得庄。

蛇后来演化为蛇神。清代《岭南杂记》有云：“潮州有蛇神，其像冠冕南面，尊曰游天大帝，龛中皆蛇也。欲见之，庙祀必致辞而后出，（蛇神）盘旋鼎俎间，或倒悬梁椽上，或以竹竿承之，蜿蜒纤结，不怖人，亦不螫人，长三尺许，苍翠可爱。……凡祀神者，蛇常游憩其家。”[①]因此，若家中发现蛇，是不能随便将其杀死的。一般有几十年历史的农村房屋大都有家蛇，而且比较大。大家都有约定俗成的习惯，只要看到家蛇从房中跑出，必要转过头去，不可心存邪念，不可口出秽言污语，其后要焚香叩拜，以答谢多年来的护宅之情。建房破土动工时念诵的《建宅文》里就提到蛇。房屋建成后要举行迎接祖先进入新居的镇宅仪式，要用香把祖宗和蛇从老屋引进新居座位，以祈“宅富人兴，永安千载”。

① 吴震方：《岭南杂记》，中华书局，1985，第 22 页。

如今，社会进步，国泰康宁，生活富足，人们的科学文化知识日益增加，民间供奉家宅神的大部分习俗已不常见，但人们祈求家宅平安、追求幸福生活的美好愿望依然如故。

（三）镇宅辟邪的摆设器物

日常的家居生活中，人们总是会在房屋内摆放一些装饰、观赏性的器物，一方面能够为居室增添审美的情趣，另一方面，在这些摆设里，往往或多或少地寄托了一些趋吉求福、镇宅辟邪的含义。中国传统吉祥文化中，家居镇宅吉祥物多选用一些灵物的形象。最主要的灵物指龙、凤、龟、麟，并称“四灵”。

古人认为麟体仁厚，凤知治乱，龟兆吉凶，龙能变化，于是龙凤龟麟成为中国传统文化中最具象征意义的吉祥物。龙凤组合而成的龙凤呈祥图案寓意为尊贵、富足、祥瑞、杰出，更是为官家和民间所广为崇尚。据说将之摆设于室内可以辟邪趋煞，保家平安。龟被尊称为神灵之精，能见存亡、明吉凶，神话中常称之为千年神龟、万年神龟，是平安长寿的象征，可以向其祈祷家人平安。麒麟，亦作骐麟，简称麟，被称为圣兽王，且是神的坐骑。它被古人视为神兽、仁兽，且长寿，能活两千年，能吐火，声音如雷，据说也有驱邪的能力。民间常常把这些动物的图像贴在墙上、门上，也有将其形象做成器物摆放室内的，相信依靠这些兽类的保护能免除灾祸，带来好运。

其他的灵物还有很多，如貔貅。相传貔貅是一种凶猛瑞兽，雄性名“貔”，雌性名为“貅”。在古时，这种瑞兽是分一角和两角的，一角的称为“天禄”，两角的称为“辟邪”。在南方，人们喜欢称这种瑞兽为“貔貅”，而北方人则喜欢称之为“辟邪”。貔貅可使家中时运转好，赶走邪气，有镇宅之功效。传说在炎帝和蚩尤打仗的时候，貔貅立有战功，被封为天禄神，因此它还有趋财旺财的作用。生意人尤其喜好佩戴貔貅或者将铜制、陶制的貔貅摆放在家中。据说最有灵力的貔貅是以玉制成的。

对于中国人来说，大门口的石狮子也是吉祥之物。古代的庙堂、官衙、巨宅、豪第的大门前，大都摆放着一对石狮子来护家镇宅；在中国众多的园林名胜中，各种造型的石狮子更是随处可见。古人相信石狮子能够驱魔辟邪，因而石狮子最早的功能是镇守陵墓，慢慢地才出现了守卫家宅的作用。在乡间的某些路口，也有立着的石狮子，其功能基本与“石敢当”相同，人们求其禁压不祥，保护村寨的平安。现代社会中，依然能看见在建筑物前安放石狮子的情形。

虎为兽中王，勇猛威武，威震四方。民间历来把老虎视为保护人们生活安宁的保护神，用它来镇宅辟邪，消灾降福，祈求合家安宁和幸福。中国古代对虎的形象十分崇拜，人们相信虎能够驱除家庭的三大灾难：火灾、失窃和邪恶。在人们心中，老虎是驱邪避灾、平安吉祥的象征，尤其能够保护儿童、保护财富。在明清之际，几乎每家每户都会于显著的位置贴一张“镇宅虎”的画像。人们相信，“镇宅虎”能够驱妖辟邪，甚至连人间的赃官恶霸和强盗小偷也会怕其三分，因而不敢轻易闯门入户。民间有“老虎镇宅，强盗不来”的说法。各地镇宅虎形态各异。比如云南丘北地区彝族人的家里，用一种陶质虎头充当镇宅虎，虎头颜色灰黑，有前凸的额头，深陷的眼珠，巨大的鼻孔，大张的嘴巴，吐露着舌头，呲着上下牙，仿佛咆哮之状，令人生畏。而石屏县的镇宅虎则不太一样。这里的镇宅虎由黑土制成，有粗壮的四肢，虎身刻有花纹，虎头微微仰起，望向天空，嘴巴微张，露出几颗牙齿，整体形象没有那么可怕。

除了老虎，还有用猫镇宅的。昆明周边地区的农家，有一种民俗，如果自家大门正对的方向有高房或者庙宇，抑或正对着其他人家的房屋，都是不吉利的，会影响自家财运，甚至可能带来疾病和灾祸。为了避免这种不祥之事发生，可在自家大门以及正屋的屋顶放置瓦猫。这只猫怒目圆睁，可以辟邪消灾。其实这种习俗与很多地方在门口放镜子的功能是一样的。瓦猫一般用陶土制作，成形后上釉烧制而成。也有的地方放置的是石雕猫，比如呈贡马金堡一带的“石猫猫”，其作用与镇宅虎同出一辙，只不过变换了造型而已。

泰山石敢当也是一种风水镇物。泰山石敢当信仰源自古老的灵石崇拜和影响广泛的东岳信仰。石敢当虽未名列门神之籍，却也承载着门户平安的期望，禁鬼绝恶，镇守门前。信仰石敢当的范围相当广泛，从南到北，从汉族到少数民族，从大陆到海外，到处可见。据说石敢当最初乃是食鬼之神，因其镇压鬼邪有功，玉皇大帝敕封其为泰山护山之神，号称“泰山石敢当”。俗谚有云：“石敢当，镇百鬼，压灾殃，官吏福，百姓康，风教盛，礼乐张。”旧俗认为，将石敢当立于巷里及居宅大门口旁，以镇压不祥。所以，“泰山石敢当”被尊为“镇宅之宝”。南北朝时宗懔在其著作《荆楚岁时记》里清楚地记录了这种习俗：“十二月暮日，掘宅四角，各埋一大石为镇宅。”[①]庾信的《小国赋》中也有“镇宅以埋石”的习俗，石块俨然成了具有法力的灵物。泰山石敢当是如何来的呢？据说很早的时候，泰山上住着一个壮士，名叫石敢当，会武艺，且十分英勇，平日里以打柴捕猎为生。有一天石敢当进城卖柴，在街上看见一个告示，上面说王员外家里有妖怪出没，谁能够替他们家驱除妖怪，就把女儿许配给谁为妻。石敢当仔细打听之下得知，王员外有个女儿，非常美丽，但被妖怪看上，经常受骚扰。王员外请来道士设坛作法，谁曾想道士驱妖不成，反而被妖怪踢下神坛，头破血流，这才公开张榜求救。见义勇为的石敢当决心除去妖怪，他手持宝剑躲在小姐的闺房内，妖怪一进来，石敢当手举宝剑大喝：“泰山石敢当在此！”妖怪听了，吓得落荒而逃。事后，石敢当和王家小姐成了亲，过起了幸福美满的日子。哪知那妖怪逃走后，又不时到别的村里去祸害百姓。村民知道石敢当可以驱妖，便纷纷来请他。让人犯愁的是，石敢当到这个村，妖怪就跑到另外一个村，总也抓不住他。后来，还是石敢当的妻子聪明，对他说：“不如把你的名字刻在石头上，放到墙上，没准妖怪一看就害怕逃走了。”石敢当

① 宗懔著，宋金龙校注：《荆楚岁时记》，山西人民出版社，1987，第136页。

觉得很有道理，就将这个主意告诉大家。那以后，家家户户立起了刻有“石敢当”的石碣，妖怪果然不敢再闹腾了。

其实，长久以来，在中国百姓的心目中，泰山石一直是十分神圣的，有镇灾厌殃的功能，所以据说用泰山石雕刻“石敢当”立于街巷、要冲、桥头、墙根，其保佑村宅平安的功效更会灵验异常。千百年来，泰山石敢当已经成为国人甚至日本、韩国、东南亚民众普遍信奉的保护神。

张贴“姜太公在此”也是一种常见的驱邪方式。民间俗信书写“姜太公在此，百无禁忌”或“姜太公在此，诸神退位”等字样贴在门窗或墙壁上，可以驱邪避灾。姜太公，传说是远古时代炎帝的后代，其祖先因帮助大禹治水有功，被赐姓姜，封于吕（今河南省南阳市西），称吕侯，其名尚，字子牙，史称吕尚、姜尚、姜子牙，又称“太公望”。因各路神仙皆由他封，他就成为神上之神。如果“姜太公在此”，其他诸神就不得不退位了。所以民间请了姜太公来，使得诸神退位，驱除一切邪鬼，也就免除了一切禁忌。另有一种说法是姜太公统兵领将，掌管武事，平定天下，古时与孔子并称，列入唐宋祀典，天下遍立太公庙，所以民间认为姜太公有驱神克鬼之能。因此，姜太公在民间经常被请来驱鬼辟邪，禳解禁忌。除了一般性的禳解之外，还有针对性的禳解。例如民间盖新房上大梁时，也要写“姜太公在此，百无禁忌”的字贴在大梁中间；嫁娶迎亲时，则贴在车轿之上，以避禁忌；有时小孩说了不吉利的话，也念“姜太公在此，百无禁忌”，以作化解之用。

在中国的民间，桃木一直是辟邪的重要法器，是吉祥平安的象征。桃木为五木之精，自古便有“仙木”“降龙木”“鬼怵木”的名号，有“镇邪纳福”之用、“镇宅辟邪”之功。古人相信桃木、桃核具有神奇的力量，因而在过年的时候，就在门旁悬挂“桃符”，以驱凶辟邪。桃核与桃木一样能驱邪避恶，孩子戴上能祛灾，老人戴上能长寿。桃木、桃核雕已是人们心目中的圣物，能保佑人丁兴旺，世代平安。所谓“一桃压百祸，一核镇千邪”。桃木、桃核寓意着幸福、吉祥、平安。

山东肥城兴种桃树，当地民间流传这样一种说法：很久以前，肥城县城的西边，有一座山，叫陶（桃）山，其上多桃树。这座山与小泰山之间，绵延数十里都是悬崖峭壁，非常险峻。这些峭壁上有七十二个洞穴，每个洞穴里都有妖怪。夜幕降临后，这些妖怪就会钻出洞来，溜进肥城，为害百姓。这事被东海度朔山上的两位神仙——神荼、郁垒知道后，两人怒不可遏，来到肥城，折桃枝作武器，把妖怪们打得或死或伤，还有些逃跑了，逃走的妖怪从那以后一看见桃枝就吓得魂飞魄散。据说当年神荼、郁垒所折的桃枝都是东南朝向的，因而人们认为这个方向的桃枝最有灵气。从那时起，当地老百姓就习惯将东南朝向的桃枝折下，或者做成宝剑挂于室内，或者刻成桃人和桃符悬在梁上，妖怪一见就望风而逃，不敢靠近。

桃木辟邪的历史非常久远。《辞源》里称："古时刻桃木人，立于户中以辟邪。"[①]汉代时，民间就有刻桃印悬门户的做法。《后汉书》中说"仲夏之月，万物方盛，日夏至，阴气萌作，恐物不杍木……以桃印长六寸，方三寸，五色书文如法，以施门户"[②]，也是这种习俗的反映。据说三国时的曹操，因疑心太重，落下头疼病，久治不愈，后经谋臣提议，在中原精选优质桃木，制成一把桃木剑，悬挂室内，头痛之症便不治而痊愈。桃木镇宅辟邪之说在民间广为流传，凡盖新房就把桃枝钉在房屋四角，以保家宅安宁，大吉大利，富贵平安。

四、祖先带来的繁荣昌盛

和睦孝悌、繁荣昌盛是许多大家族孜孜以求的吉祥理想。所谓的族规、家法都是为了实现这一目标而确立的。但是世事无常，社会环

① 《辞源》，商务印书馆，2015。

② 范晔：《后汉书·志第五》，中华书局，2000。

境、个人因素都可能成为家族发展的障碍。家事纷繁芜杂，其中还有很多不能为外人道，也不大可能要求神灵来解决和庇佑，因此，在中国的民间信仰中，便出现了一类特殊的信仰敬奉的对象——祖先。中国人对祖先的崇拜反映了强烈的家族意识。祖先可以保佑子孙后代的观念或多或少地存在于每一个中国人的潜意识之中。好事要感谢“祖宗有灵”，坏事可以使“八辈子祖宗”一起挨骂。那些远离尘世的祖先似乎时时刻刻与现世的后人生活在一起，成为离人们最近的家族保护神。为了让祖先了解自己的愿望，祭祖就成为中国人十分重要的表达方式。同时，祭祖也是中国人向祖先表示敬意、汇报佳绩的主要途径。

祭祖行为可以追溯到上古时代。早在原始社会，就出现了用于祭祖的“人祭牺牲”，这些“人祭牺牲”主要是战争中的俘虏。原始人杀掉俘虏，向祖先之灵显示英武，如夏代的君王就用俘虏祭拜自己的祖先。商人相信鬼神具有决定命运的权威，因而他们崇鬼敬神。商人将鬼神分成天神、地祇和人鬼三种，以人鬼（也就是祖先）作为祭祀求福的主要对象。商人相信祖先虽已死去，但灵魂仍在，同样能够赐福子孙，所以需要虔诚祭祀他们来避祸求福。时至周代，中国已经形成了一套完整的祭祖制度。秦汉以后，祭祖被正式纳入礼教，其意义在于慎终追远，弘扬中国传统的伦理，并继而成为民间风俗而广泛流传。几千年来，祖宗崇拜在中国社会一直延续不绝，而且越是富庶的地方，越是富裕的家族，祖宗崇拜的仪式越是盛大，内容越是繁杂，充分表达了华夏民族浓厚的祖宗崇拜情结。

敬祖、祭祖的意义远不止于家族内部，还关系到整个社会的秩序。《论语》曰：“慎终追远，民德归厚矣。”[①] 就是说，认真严肃地对待身后之事，虔诚真挚地追祭祖先，社会的道德风尚才能归于淳厚。为什么慎终追远可以使民德归厚呢？所谓慎终追远，其本质为讲求孝道。

---

① 张燕婴译注：《论语·学而》，中华书局，2011。

父母之爱子女，乃是心甘情愿，无求回报的，因而子女想到父母的含辛茹苦，自然会产生感激回报之情。这种心理即孝道的核心所在。然后经由家族、社会的持续培养和扩展，形成了以此为基础的道德品质，所谓“百善孝为先”即是此意。这种品质在社会上相沿成风，自然就能够形成淳厚的民风，保障社会秩序。

（一）祭祖仪式

在中国，对于民族祖先的祭祀一般来说为国家所控制，因而民间更加注重对于家庭祖先的祭祀。

当年长的亲人去世之后，人们通过一系列丧葬仪式，将死者的亡灵送到另一个世界，并认为他从此进入祖灵的行列。随之，民间百姓便以“百日祭”或“周年祭”等形式，同祖先的亡灵建立“正式”的关系。此后，除了定期举行祭祖活动之外，还在遇有特殊事件时，特别祭祖。

就参加祭祖者的范围而言，大致上可分为家祭和族祭两种。家祭是以家庭为单位进行的，规模较小；族祭以同姓族人为单位，规模大，礼仪隆重。族祭除墓祭外，地点在家族祠堂。一般来说，祭祖通常安排在岁时与节日之时。其中春节期间的祭祖应该是民间影响最大、流传最广的习俗。人们认为此时是“人道报本反始之时”，应该将一年的收获报告于祖先，请祖先赐予来年的希望，以示祖宗薪火传继人间。所以此时对祖先的祭祀，是一年中最为隆重的。正如俗语所云“斜阳外，山坳涧，家家后人祭祖先。摆祭物，点香炉，烧纸燃鞭报平安”。无论小民百姓、仕宦官绅，还是皇家贵胄，都会在这一天举行隆重的祭祖仪式。人们会先把居住在坟茔中的祖先迎回家，与后辈儿孙共度年节。

宋代以前，民间祭拜祖先大多以墓前为主祭。那时王室有祭祀祖先的专门的建筑，叫太庙或宗庙。自魏晋南北朝至北宋，逐步允许王室以外之人修建祖庙，但限定了严格的等级，所以真正有资格建祖庙的人家屈指可数。至南宋朱熹制《家礼》，王室等级以下的臣民能够修建祠堂，不过依然受到很多限制，等级森严，不能僭越。至明嘉靖年间，普通百姓才可以立家庙，祭祖先。这时各地纷纷立庙建祠。一般来说，家庙（祠堂）的建筑比起普通民宅，规模更大、质量更好。尤其是那些有权有财的大家族，往往要修建宏伟的祠堂，其规模形制、雕饰画工、用料选材无不极尽讲究。祠堂内部会按照辈分摆放历代祖先的牌位，其中的杰出人物通常会占更显著的位置。在清朝，按照规制，凡有一定品级的官员，其宗祠匾额上都会有御赐的字样，这些人家的大门前还有高大的旗杆，以显家族荣光。没有祠堂的百姓一般在室内设置祖宗神龛或神主牌位。上写“显考某某公”或“显妣某某夫人”等字。有的还挂上填写着祖先姓名的图卷（也称“轴子”），摆上供品，焚香致祭。《红楼梦》五十三回就描写了贾府祭祖的场景：“贾府人分昭穆排班立定：贾敬主祭，贾赦陪祭，贾珍献爵，贾琏贾琮献帛，宝玉捧香，贾菖贾菱展拜毯，守焚池。青衣乐奏，三献爵，拜兴毕，焚帛奠酒，礼毕，乐止，退出。”

一般来说，春节、清明、端午节、中秋节、冬至以及祖先的生日、忌日，子孙都有祭祖习惯。举行祭祖活动时，家人需要沐浴更衣，在一家之长的带领下，在祖先牌位前叩头敬香，还要在牌位前供奉各类菜肴祭品。过去普通百姓的家祭相对简单，不像士大夫的家祭那样有一整套的繁缛礼仪。民国《南安县志》记载了士大夫之家的祭仪：“忌祭即终身之丧，祭时主人以下变服，朱子用白绢凉衫黪巾，今人只用素服，仪仍三献。是日不饮酒、不食肉、不听乐，素服以居，夕寝于外。四时祭：古者高、曾、祖、祢皆有四时之祭，泉俗或不尽然，而士大夫家则必行之，以合于古。”

除去各种年节之祭和生、忌之祭，过去在一些特殊的时间里也会有不定期的家祭活动，主要集中在家族有重大事件之时，比如盖房、婚嫁、添丁、科考、出仕等。有些地方在庄稼收获的时候，也要敬祖。做法非常简单，取新米蒸饭，拜祭祖先及土地，名曰“尝新”。还有些人家在每月的朔望之日也会祭拜祖先，求得庇佑，甚至可以说“有事则祭”，非常频繁。不过这样的祭祀与其他时间的祭祖活动比较起来，仪式相对简单。这种时时而祭的活动拉进了人们与逝去的先人的距离，反映出人们真诚的情感。

（二）祭祀禁忌

为了表达对祖先的敬意，尤其是确保祭祀的效用，先民认为对于祖先的祭拜一定要恪守某些规程。

首先就是准时。在特定的忌日、年节里一定要拜飨祭祖。民间风俗中这类祭祀是不能推迟时日的。移前数日举行是可以的，但忌讳推迟三日之后举行，百姓认为如果祖上等了三日，还不见有吃喝的供祭，便会对儿孙们大失所望，不免会叹冷气而去，而这口冷气是穷气，家可能就要被这口冷气叹穷了。关于春节时对祖先的祭祀，民间有更为生动的说法，即接老祖宗回家过年，其习俗各地大同小异。在东北，大年三十夜吃饺子前，人们就把大门敞开，院内摆上桌子，供上饺子、香烛；孩子们打着灯笼，挑起鞭炮。半夜十二点时，人们会点燃鞭炮和蜡烛，意味着祖灵被迎进家门，与家人同乐。接祖灵一定要准时，当地人认为，祖灵接早了会接到“长门神”“讨吃鬼”，不利家运；接晚了祖灵就找不到自己的家门。因此祭祀仪式是很讲究时刻的，要做到准确无误。

其次，祭祖时用的祭品也有讲究。一般来说，凡是人们自己食用的肉类、水果、酒、油等，都会献祭给祖灵；那些人们自己不食用的，也多数是忌讳献供给祖灵的。既然人都不吃，就更不能作为供品了，否则，将构成不敬之罪。汉族一些地区，禁食牛肉、狗肉，因为它们可以耕田、看门，有功于人，所以不忍心食之。南方沿海一带，祭祀祖灵忌讳把鱼打鳞去腮、剪头去尾，因为这样就不是全鱼，恐祖灵怪罪祭者不是“全心全意”。祭祀之物以“带皮”“带鳞”者为上，即猪肉、鸡肉一定是带皮的，鲤鱼、鲫鱼等也一定要是带鳞的，而那些无皮无鳞的如鳗鱼、鳝鱼等，是忌讳用作祭品的。

再有，祭祖的供品也多有求吉避凶的讲究。比如湖北一代，新谷登场，祭天地祖先时，用鱼不用鸡，取“有余（鱼）无饥（鸡）”之意。我国南方有的地方称茄子为“吊杀鬼”，称吊死者为“生茄子病死的”，所以禁忌用茄子祭祀，唯恐不吉利，惹恼了祖灵。江苏一带，清明、七月半祭祖时，祭品用荤素均可，但禁忌带“豆”字的菜做祭品，如绿豆芽、蚕豆瓣等。因“豆”与“斗”谐音，恐以此祭祖，会招致后代子孙争斗不休的厄运。豆类食品中，唯有豆腐常用来做供菜，是因“腐”与“福、富”谐音，是财星高照的征兆，所以不忌。

此外，在祭祖的禁忌中，最被人们重视的是对祭器的禁忌。汉族大部分地区家堂的祖先牌位都忌乱摸乱动，否则，便认为是对祖先神灵的侮辱。非但人不能随便乱触摸，就连灰尘落在上面，也是很忌讳的。光绪《祥符县志》云：“当除之夕也，洒扫庭阶，陈设供奉，入更后，启外门鞠躬迎神以入，奉爵以安神位，献岁三日，不敢洒扫，虑尘神几筵也。”汉族民间祭祀时，未洗手则严禁接触神案上的香炉、烛台、花瓶、杯盏等祭器，否则，祭祀就不再灵验。祭祀时还忌讳跨越所用的一切器具，否则就像在祖灵面前拉屎、撒尿、吐唾沫、出言不逊一样，是对神灵的侮辱、亵渎。这些祭祖禁忌一方面表示人们对祖先的悼念之情，另一方面又反映出祈福求护的心愿。

汉族祭祀祖先时还格外忌讳不洁净的人参加，包括来月经的女人、孕妇、产妇、婴儿、穿孝服者、受刑罚者等。这类所谓的不洁之人甚至连祭祀前的准备活动都不能参与。鲁迅的小说《祝福》中曾经写到，鲁四老爷特意嘱咐自己的妻子不让再嫁丧夫的祥林嫂参加祭祀前的准备工作，说这种人不干净，弄的东西祖宗是不吃的。在祭祀祖先时，人们不能交谈、咳嗽，不能随意行动、抓痒，不能随处大小便，便后不能不洗手。祭祖期间，男女不能幽会、忌行房事、忌食荤腥等。如有违反，就会被认为是怠慢祖先、亵渎神明。

农耕时代，天灾人祸频仍，个人生存委实不易，而宗族以族田作为经济后盾，使族人生有所养，死有所葬，受威胁时有强大的靠山，为个体的生存提供了有力的保护。同时，宗族对于家族具体事务的管理又对政府起到了一定的协助作用，因此得到了上至宫廷、下到庶民的普遍拥戴。为了确保宗族的存续，就一定要选择合适的形式和必要手段。隆重的祭祖仪式无疑正是因其起到了“敬宗收族”的作用而备受青睐。在祭祖的过程中，个人、家庭、宗族找到了最佳的时机与方式表达出对这个族群团结和睦、永保昌盛的吉祥渴望。

第四章　个体人生的吉祥信仰

在传统中国社会中，以家族为单位追求吉祥与幸福最为常见，但这并不意味着人们没有对个人人生幸福的规划。关注家庭、家族的同时，人们也时刻关心自己的前途命运，希望为自己谋求财富、地位、安宁和健康。因此，在漫漫人生路上，为个人纳福求吉的祈愿从来就不曾停止。

对于幸福的理解和认识，特别是在纳福求吉的祈愿方面，古人从来不缺乏想象力。幸福是什么？正如托尔斯泰所言，“幸福的家庭都是相似的”，人们在对幸福的内涵的认识上很容易达成一致。从生理层面来讲，自己和亲人都要身体健康、无病少疾，而且远离灾害；从财运层面来讲，不仅要招财进宝，最好日进斗金，而且要广开财源，滚滚不绝，更重要的是远离穷困和霉运；从精神层面来讲，家庭成员都精神健康，前程似锦。可以说，外表光鲜，内里富足，物质与精神双丰收是人们的最高理想。达到这般幸福的保障是什么？在科技水平有限、认知能力不足、客观条件欠缺的情况下，最“可靠”的保障当然是神灵，这也是民间信仰的应有之义。因此，富有想象力的古人相应地创造了不同的神灵，来佑护自己的祈愿得以实现，或者说希望内心的祈求可以得到满足，哪怕仅仅是一时心理上的满足。于是，保人长寿的寿星、掌管死亡的阎王、驱病除疾的药王、望而生畏的瘟神、喜闻乐见的财神、敬而远之的穷神、兴家立业的祖师……一一应运而生。

如果仅仅是创造一些标记神灵的名称符号，对于作为万物之灵长的人类来说，自然是解决不了什么问题。因此，在历史长河中，这些神灵符号均被赋予了浓厚的文化底蕴，让人确信他们就源自你的身边，守在你的身边，随时随地可以出现在你的身边。这些神灵，特别是可以带来幸福和美好的神灵，无不可信、可亲、可近。

当然，神人相通，尤其是神力可期可倚，都是有条件的，这些条件就是人们创造的一些向神灵示好、致敬、表爱的仪式和方式。通过这些庄重的仪式、诚挚的方式，人们就可以得到寿星的垂青、药王的关照、财神的青睐、祖师的关爱，还可以受到阎王的庇佑、瘟神的避让、穷神的退让。拥有了这些神奇的力量，想不长生、不富裕、不幸福都很难。有了神灵的保佑，不仅个人的现在和将来没有缺憾，而且相关的亲朋好友都能歆享人生，所谓福禄寿财喜，一样不落。

一、无病无灾，健康长寿

光阴似箭，岁月如梭，短暂的人生虽然会经历痛苦、忧伤，却也充满了乐趣。儿时天真烂漫、青年甜蜜和美、中年封妻荫子、老来含饴弄孙……而享受幸福人生必须有一个好的身体作为前提，健康长寿当然就是上至皇帝贵胄，下至黎民百姓最普遍的吉祥愿望。

（一）寿星信仰

民间信仰认为，生死虽由上天决定，但通过求神拜佛、祭祀寿仙，人们还是可以延年益寿的。在众多掌管生死的神仙中，既有主生的南斗星君、主死的北斗帝君，也有献寿的麻姑、主持阎罗殿的阎王爷和黑白无常，人们或向其求寿，或求其免死，方法虽然各异，虔诚之心无别。

星宿的崇拜起源很早，这其中也体现着古代人对于自然规律的最初探索。古人常将星宿在天空出现的位置、时间与人间的自然现象相联系。例如，北斗七星在汉人的观念中，本来是厘定节候、司掌时间的神灵。因为生命长度的衡量标准是时间，所以，司掌时间的神灵便与人的生死关联起来。其实，求长寿的本质就是求取时间的延续。在这样的逻辑下，便产生了北斗之神主死亡的信仰。北斗七星在民间信仰中被逐渐夸大，最终被引尊为司命之神。《魏书・崔浩传》中有崔浩“夜在庭中仰祷斗极，为父请命”的记载。民间传说，北斗星君可以听取天下人的功劳过失，并因此来决定人的寿数与际遇。正是由于北斗星君拥有如此巨大的权力，历朝历代供奉北斗星君的香火长盛不衰。“南斗”即二十八宿中的斗宿，也就是北方玄武七宿的第一宿，因与北斗相对，故名南斗，是掌管人们生存的神灵。六朝道书《赤松子章历》卷四记有“祈北斗落死籍，南斗上生名，延寿无穷”的道法。因此道教将南斗六星总称六司星君，并有专门奉祀南斗星君的庙宇，民间称为“延寿司”。所谓“北斗注死，南斗注生”的说法也在民间广为流传。

传说中，彭祖也曾经得到过南斗星君的帮助。彭祖本名彭秀，曾得到南斗六星度寿。《三国演义》中，诸葛亮则是向北斗星君禳星求寿。可见，古人普遍相信自己的寿命就在南斗星君和北斗星君的掌握之中。

所有星宿当中，最受人敬重的还是寿星，他鹤发童颜，精神饱满，老而不衰，前额突出，慈祥可爱，是人们祈愿长寿而经常拜祝的神灵。寿星的来历，众说纷纭。一说其为南极仙翁，也就是南极老人星。古代人相信南极星能够预兆国运的长短，也可以为人增寿，所以被当作长寿的象征。根据《史记·天官书》的记载，秦始皇一统天下后，于都城咸阳修建寿星祠，来祭祀寿星。另一种说法是，寿星乃历史上的著名人物老子。老子姓李名聃，字伯阳，楚国苦县曲仁里（今河南鹿邑东）人，是我国古代的哲学家，后被神化为道教始祖。晋代葛洪《神仙传》中说他在周朝已三百多岁，生来满头白发，头顶隆突，广额大耳，长眉宽鼻，方口厚唇，额刻三五纹理，耳有三个漏门。老子性情恬淡无欲，主张无为而治，后人以他为偶像，顶礼膜拜。还有一说认为寿星为仙人彭祖。据《神仙传》传说，上古颛顼玄孙彭祖，殷末时已活了七百六十七岁，依然不见衰老，也有传说他活到八百多岁，儿子已死过五十四个，他还说自己命短，故后人也以彭祖为长寿者的代称，称为老寿星。

除了男寿星外，中国传说中还有著名的女寿仙麻姑。在民间习俗中，麻姑还是妇女的保护神。据《神仙传》记载，麻姑的老家是豫章郡建昌府。东汉末年桓帝在位时，麻姑出生在蔡经的家中。年方十八九岁，就可以掷米成珠，颇具法力。她说自己曾经三见东海变桑田。传说农历三月三西王母寿诞时，麻姑会用灵芝酿酒，为西王母祝寿，民间俗称“麻姑献寿”。麻姑后来被西王母封作女寿仙。有一些地方，每逢老年妇女寿诞，习惯在寿堂挂上《麻姑献寿图》，也有供麻姑塑像的，求其保佑老人延年益寿。民间传说麻姑生辰是七月十五，所以不少地方习惯在七月十五那天“祭麻姑”求长寿。

历史上，还有各不相同的地方求寿习俗。

汉族有借寿之俗，认为人的寿命也如同物品一样可以借用。这一习俗主要是为了延长病危亲长的寿命。当长辈生病时，有孝心的子女往往在斋戒沐浴后设案焚香，虔诚祷告苍天，愿将自己的寿数出借，也就是希望苍天能减去自己若干年岁的寿数，把它借给亲长，以延长亲长的寿命，并借此表孝心。此后，如果病人转危为安了，就认为是老天已经允许借寿，因此要设案焚香，摆上供品，向天叩拜，答谢苍天；假如病人一命归天，出借寿命的人也要再次焚香祷告，取消前言，以免冥府阴司的阎罗判官阴差阳错，把自己出借的寿数又判给他人。

古人在六十岁之后，每年都要举办祝寿礼。其中最为特别的是六十六岁的生日，民间素有“六十六，吃六十六块肉”的说法，意思是父亲或母亲六十六岁那年生日，已出嫁的女儿要给他们送六十六块肉。如果不这样做，父母今后的日子就难保平安康健。这个说法，也可在另一句俗语那里得到佐证：“六十六，阎罗大王要吃肉。”意即人到六十六岁那年是个关口，阎罗要吃的肉。这六十六岁离“古稀”已屈指有四了，故女儿们要“六六”之年送“六六”之肉为父母祈祷禳祸。

清代，满族人有做善事求寿之俗。有人过生日时为了行善求寿，还要特意买鸟放生，以此为善举。一般是寿星不惜重金将笼中鸟尽数买下，当场把笼门打开，任鸟儿飞走。这时群鸟争相展翅逃生，叽叽喳喳地飞向天空，卖鸟的和随行的众亲友一齐给“寿星老”行请安礼，并说“您多功德、多修好啦，您多福多寿啦”等吉祥话儿。也有人将鸟儿买回家去，待祝寿开始前放生。据说，清时内务府有位大臣，每年办生日时，均要求手下管事的和仆人们分头到各大鸟市，收买各类鸟雀近千只，到各大菜市场买活鱼数百尾，虾、螺、蚌等水族动物无数，尽数放生，以此求得感动天地，修福积德，多福多寿。

民间还有“偷物讨寿”之俗，据说可以免灾，长寿。旧时南京有讨寿碗的丧俗，70 岁以上老者去世称“喜丧”，席上的碗、筷、汤匙均可随手带走，谓之“讨寿”。家中有古稀老人去世，在办丧事的前后三天，人们都喜欢去讨“寿碗”。死的人年岁越大，讨寿碗的人就越多。不过，去丧者家讨寿碗是有些讲究的。首先是前两天不能去讨，讨时要带一刀黄表纸，送到丧者亲属手上后，才能讨。讨的碗数量根据死者的性别来讨，男的是单数，女的则是双数。说错了数，不但讨不到寿碗，还会被骂出门去。讨了寿碗后，还要朝死者的遗像鞠一躬，倒退出门。“寿碗”都是依死者的年岁定碗数的，70 岁是 7 个碗，过 75 岁就要 9 个，80 岁以上则讨 10 个，还要在一个碗里摆放一根 20 余厘米长的红绳。人们讨寿碗都是根据死者的年岁讨的，用讨来的“寿碗”吃饭，就是希望自己能延年益寿。

我国的侗族还有“讨寿鱼图吉利长寿”之俗。老人过世，尤其是八九十岁的长寿老人过世后，前来悼念的人很多，讨寿鱼的人也多。寿鱼是专为长辈百岁辞世时宴请宾客而腌制的。寿鱼的选料很严格，制作程序也很复杂：将鱼宰杀洗净，平摆在腌桶里，一边摆放一边撒上辣子粉和盐，不留空隙；放好后盖一层纯香油（通过高温把油里的水分蒸发掉），将外盖密封；如外盖密封得不好，要再用纱布罩上一层。死者家属会把应酬宾客剩下的寿鱼散给讨寿鱼的人，祈愿大家儿孙满堂，长命百岁。

（二）阎罗与无常

乐生避死，即崇拜与追求生，厌恶和恐惧死，是中国人普遍的人生态度。“亚圣”孟子直言“生亦我所欲”“死亦我所恶”，认为生是人的本能欲望，而死则是人竭力所欲避免的。《庄子·应帝王》记载了一个畏死的故事："郑有神巫曰季咸，知人之死生、存亡、祸福、寿夭，期以岁月旬日，若神。郑人见之，皆弃而走。"这则故事告诉我们，虽然人们知道自己终将一死，却很难坦然去面对。对于那些能够预测死亡的人，能躲就躲，好像这样就能避免必死的命运。可见人们对于死亡的畏惧到达了何等地步。想当年，秦始皇横扫六国，统一中国，成为自开天辟地以来华夏民族的第一位皇帝，虽然他的一生威仪万端，让天下之人望而生畏，可他依然对死亡有着深深的恐惧。所以秦始皇广招天下方士，派他们入海寻仙，希望觅得不死仙药。可见，始皇帝对长生的渴望十分强烈。总之，不分高低贵贱、富贫智愚、老幼强弱，惧死恋生是中国人的一种生命本能。因此，人们不懈寻求各种可以摆脱对死亡恐惧的途径。

奉神以避死是最常见的方式。传说中，阎王与黑白无常是最具效力的神灵。阎王，也称作阎罗王、阎王爷，是民间传说中主宰阴间的神灵，掌管着凡人的生死。在传统民间信仰中，人死后去阴间，一定会受到阎王的审判。阎王掌管着生死簿,那上面记录着所有人的寿数。到某人阳寿该尽之时，阎王会派其下属，即所谓的无常鬼把这个人的魂魄押送到地府接受判决。"阎王要你三更死，绝不留人到五更。"阎王的审判非常公正，此人生前的善恶决定了他死后的待遇：积德行善之人，会成为神仙，也可能有个好的来世；行凶作恶之人，会下地狱，受到各种惩罚，抑或有一个糟糕的来世。这就是因果报应、扬善惩恶观念的体现。在众多阎罗王中，人们最为熟悉的应该算是包公，据说他"日断阳间,夜断阴间",能够夜以继日地工作。而且包公铁面无私，主持正义，办事公道，从不贪赃枉法。

阎王位尊权大，管辖神鬼众多。无常、判官、牛头、马面等都归阎王调遣。其中有两个经常在人间出现的小神，一个是白无常，一个是黑无常。两者并称为"无常二爷"，是专门捉拿恶鬼的神。白无常笑颜常开，头戴一顶长帽，上有"你可来了"四字；黑无常一脸凶相，

年画《牛头马面》

长帽上有“就是捉你”四字。一“来”一“捉”，态度迥异。民间有许多关于无常的传说。

除了黑、白无常之外，阎罗王的下属还有牛头、马面等。传说牛头、马面是一对兄弟，一个善吹牛，一个能拍马，死后深得阎王的喜爱，阎王让他们换上牛头马面，位列十大侍卫的前两位。此外，还有右手握笔、左手持簿的判官，传说他手中的生死簿少了姓孙的和属猴的，因为当年孙悟空在大闹天宫时一笔勾销了。

（三）药王崇拜

生死之间，疾病是人生追求幸福的绊脚石。古代民智未开，医疗条件差，人们对很多疾病束手无策，认为是鬼神作祟，对其十分恐惧。因此，遇到难以治愈的疾病或大规模的瘟疫时，往往会乞求神灵的保护。

供奉药王是一种十分普遍的风俗，并形成了很多散布乡野的药王庙。所谓药王，是古人把精于医术的名医以及相关传说人物神化，奉为司医药之神的结果。药王并不是同一个人，广为流传的著名代表人物有扁鹊、韦慈藏、王叔和、葛洪、吴本等，也有的指神农氏，而祭奠最多的，当是唐代著名医学家孙思邈。

孙思邈，生于京兆华原（今陕西省铜川市耀州区），行医一生，著有《千金方》《千金翼方》等医学名著。传说他活了三百多岁，医术高明，无所不能。为纪念孙思邈，人们为他修建了很多祠堂、殿宇。旧时每年农历二月初二和四月二十八日，总会有络绎不绝的人们参加药王庙会和各种纪念活动，向孙思邈祈祷，保佑自己及家人无病无灾，多子多寿。

关于孙思邈有许多传说，其中“坐虎针龙”的故事流传甚广。

据说，孙思邈在禹州行医途中遇一雌虎挡道，低头哀鸣，似在求助。孙思邈非常纳闷，对虎言道：“我为人治病，你再三阻挡，莫非要我治病不成？”此虎听罢，两眼含泪，连连点头。孙思邈恍然大悟，便随虎进入山洞，见一雄虎横卧洞中，表情痛苦。撬开虎口，发现一根兽骨卡在虎喉，吐咽不下。孙思邈当即取出虎口中的兽骨，用银针刺破肿块，消除了雄虎的痛苦。之后，老虎为报答孙思邈的厚意，便常与孙思邈结伴而行，以保护其行路安全。遇上难行的山道，老虎便驮着孙思邈，像坐骑一样接送孙思邈四处行医。孙思邈为人治病，救活了不少濒临死亡的人，加上他给穷人治病分文不取，名声越来越大。一日龙王下界游玩，不经意撞了蜈蚣窝，晚上龙王睡熟后，蜈蚣就钻入龙王头部的顶鳞之下，直吸其脑髓，痛得龙王死去活来。后来孙思邈以“一物降一物”的办法，用七七四十九只大公鸡为龙王消灭蜈蚣，医好了病痛。龙王病愈之后，腾身入云，为示答谢，使禹州年年风调雨顺，五谷丰登。

唐宋以后，孙思邈不断被神化，被民间奉为药王。

（四）祭祀瘟神

有疫情暴发时，人们还要供奉瘟神。瘟神又称五瘟使者，简称五瘟神，是中国古代民间信奉的主病鬼王。五位瘟神按照季节分工负责：张元伯掌管春瘟，刘元达掌管夏瘟，赵公明负责秋瘟，钟仕贵负责冬瘟，史文业为总管。关于瘟神的信仰源自古人对瘟疫的恐惧。

《三教源流搜神大全》记载，隋朝文帝时的某天，有五位力士突然现身空中，距地面五丈多高。他们身披五色袍，手中分执不同的物件，有的拿勺子和罐子，有的拿皮袋和剑，有的执扇子，有的持锤子，还有的拿着火壶。隋文帝急问太史公张居仁：“此为何神？主何灾福？”张居仁答曰：“此为五方力士，在天为五鬼，在地为五瘟。五人出现，天有灾疾，无法逃避。”这一年果然出现瘟疫，遭瘟病死去的人很多。于是隋文帝修建祠堂奉祀他们，并下诏封五方力士为将军：青袍力士为显圣将军，红袍力士为显应将军，白袍力士为感应将军，黑袍力士为感成将军，黄袍力士为感威将军。并规定五月初五为祭祀五瘟的节日。唐朝承袭隋朝祀奉五瘟神，祈求他们不要为害百姓，其俗世代相延。应该说，对于此类神灵，人们是既恶又怕，不得不敬。清代袁枚的《子不语》中的《苏耽老饮疫神》就形象地表明了人们的这一态度。

杭州苏耽老，性滑稽，善嘲人。人恶之，元旦，画疫神一纸厌其门。耽老晨出开门，见而大笑，迎疫神归，延之上座，与共饮酒而烧化之。是年大疫，四邻病者争祀疫神。其病人辄作神语曰："我元旦受苏耽老礼敬，愧无以报。欲禳我者，必请苏君陪我，我方去。"于是祀疫神者争先请苏，苏逐日奔忙，困于酒食。其家大小十余口，无一病者。

俗话说"人生七十古来稀"，这是因为，恶劣的生存环境，巨大的生存压力，导致古人寿命普遍不长，而一场大范围的瘟疫或自然灾害就足以毁灭繁衍上千年的家族，健康长寿的个体自然更是难觅。《诗经·小雅·天保》中说："如南山之寿，不骞不崩。"意为希望寿命像南山一样，亘古不变。所谓"万福寿第一"，也道出了人们永恒的追求。在当时的条件下，古人将希望寄托于阎王、无常，希望他们能高抬贵手；祈求寿星、寿仙为自己延年增寿；向那些妙手回春的药王求乞灵验法力，希望他们可以帮助自己和身边的人祛除疾病，拥有健康。无论哪路神灵、何方仙圣，只要能给人带来生机，去除死亡与病痛的阴影，就是民众倾诉、乞求与崇拜的对象。

二、招财进宝，家业兴旺

健康的身体只是一个基础，在通往幸福的道路上，还要有足够的资财才能真正享受人生。所以，对财富的追求几乎伴随了人的一生。所谓"贫贱夫妻百事哀"，拥有财富是一个人、一个家庭得以在社会上安身立命的必要条件之一，自然也就成为大众孜孜以求的吉祥理想。西晋人鲁褒在《钱神论》中说得最为直接："夫钱，穷者使通达，富者使温暖，贫者能使勇悍……钱能转祸为福，因败为成，危者得安，死者得生。性命长短，相禄贵贱，皆在乎钱。”司马迁在《史记·货殖列传》中也这样昭示天下：“天下熙熙，皆为利来，天下攘攘，皆为利往。”古人认为，要实现发财致富的理想，一是靠辛勤劳作，用智慧和血汗创造财富；二是求神拜佛，保佑发财。因此，财神信仰应运而生。

（一）迎财神

财神作为中国民间普遍供奉的善神，在吉祥文化中，始终扮演着极其重要的角色，从“财神爷”这一尊称也可见一斑。财神爷带给人们的是应有尽有的财富、花不完用不尽的金钱，供奉财神反映出人们对财富的渴望和追求。旧时，逢新年，各家各户高悬财神画像，希望得到财神庇佑，财源滚滚。特别是那些做生意的人，对财神爷更是崇敬尤加，供奉如祖，视作神明。凡生意人的店铺，门头里都供有财神爷的塑像，明灯高悬，照耀着精致的神龛。这充分反映了人们求财纳福的心理以及对富足生活的向往与追求。

财神的起源很是复杂，各地祭祀的财神大相径庭。所以，财神其实是一个群体，是不同时代、不同地域的人们所崇奉的神仙，是公正、诚信、智慧、富有的化身，是人们想发财致富的心理寄托。民间信奉的财神，有被视为“正财神”的赵公明，有“文财神”范蠡、比干，还有“武财神”关羽，此外还有像利市仙官这样的小财神、五路财神、兼职财神道士刘海，江浙一带民间还供奉金元七总管和能均贫富的掠刷神等。无论财神是谁，在人们的潜意识中，希望财神为人们带来财富的心情都是一样的。

影响最大、最为人们所熟知的是“正财神”赵公明。在《封神演义》的记载里，赵公明原本是峨眉山罗浮洞里修行的道士，后来辅助纣王与周武王作战，死后被姜子牙封为“金龙如意正一龙虎玄坛真君”，赵公明有四个部下，分别是“招宝天尊”“利市仙官”“招财使者”和“纳珍天尊”，专司金银财宝，迎祥纳福。过去的财神庙、家户之中都经常供奉着他。赵公明神像头戴铁盔，身穿铁铠，黑脸浓须，怒目圆睁，一手持钢鞭，一手托元宝，身下骑着黑虎，所以也被称为“黑虎玄坛”。《三教源流搜神大全》里记载他能够“驱雷役电，唤雨呼风，除瘟翦疟，保病禳灾”“至如讼冤伸抑，公能使之解释公平，买卖求财，公能使之宜利和合。但有公平之事，可以对神祷，无不如意”。具有司财职能的赵公明，十分符合百姓求财的心愿，所以在民间得到广泛敬祀。在很多的传说故事里，赵公明心性懒散，每年只在正月初五才下一次龙虎玄坛，而且非常随意，不一定会去哪一家，因此过去每到此日，各家各户都赶早放炮烧香，献牲祭祀，为的就是抢在别人前头迎他进家门。

传说中的财神有很多，赵公明之外，还有文武财神之说。尚文之家，大多选择文财神供奉，而尚武之家更习惯供奉武财神，文武财神尽管身份不同，却都体现了人们对发家致富的殷殷期盼。

在旧时民间有很多文财神，商代的忠臣比干就是一个。

商朝末年，纣王无道，暴虐成性。比干作为纣王的叔父，经常犯颜直谏，但纣王始终不思悔悟。他对于纣王宠爱的妲己也总是不留情面，与之结下仇怨。有一天，妲己忽然口吐鲜血，说非玲珑心不能治病，并说比干是有七窍玲珑心之人，可取其心一片煎汤救治。纣王听信了这种无稽之谈，向比干索要其心。比干十分生气，说：“心者，一身之主，隐于肺内，坐六叶两耳之中，百恶无侵，一侵即死。心正，手足正；心不正，则手足不正。心乃万物之灵苗，四象变化之根本。吾心有伤，岂有生路！老臣虽死不息，只是社稷丘墟，贤能尽绝。今昏君听信妖妇之言，赐吾摘心之祸，只怕比干在，江山在，比干亡，社稷亡！”但纣王却一意孤行，说：“君叫臣死，不死不忠。台上毁君，有污臣节，如不从命，武士拿剑去取心来！”比干见状，大骂妲己，朝太庙八拜，自剖其腹，摘其心掷于地，骑马而去。

据说剖心的比干其实并没有死，因为他手上留着一张姜子牙送的神符，可以在危难时化灰冲服。于是比干离开宫廷，来到民间，成了散财的神灵。民间传说，因其无心，所以办事公道，没有偏向。比干以文官形象示人，头戴纱帽，身穿蟒袍，面目严肃，长髯五绺，手托如意，脚踩元宝。凡是信奉比干的生意人，都会公平交易，不欺童叟，因而能够买卖兴隆，比干也因之被广为传颂。

另一位比较著名的文财神是春秋战国之际的范蠡。范蠡既是杰出的政治家和谋略家，也是一位很会理财的大商人。

据说，范蠡小时候就十分聪慧，后来成为越王勾践的重要谋臣，在吴越之争中跟随勾践出生入死，卧薪尝胆，最终辅佐其功成。灭吴之后，范蠡悄然辞官，退隐江湖。

民间传说，范蠡父子来到了齐国海滨，一边勤于耕作，一边围海煮盐、捕鱼养殖，不久就积累了数十万金的家产。齐人因其贤，拜请为相。三年后，范蠡不愿为官，便散尽家财，悄悄离开齐国，来到陶地，自称陶朱公。很快，范蠡父子就又集聚了万贯家财，成为当地的大富翁。陶朱公的商业智慧一直在民间广为流传，如著名的“经商十八忌”：生意要勤快，切忌懒惰；价格要订明，切忌含糊；用度要节俭，切忌奢华；赊账要认人，切忌滥出；货物要面验，切忌滥入等。范蠡一生既能辅佐君王成就大业，又能艰苦创业累积丰厚家财；不仅善于经营，还能广散钱财，所以民间将其视为财神也是自然而然。

“武财神”即关公，又称关圣帝君，有关他的传说就更多了。

在中国，关公是家喻户晓的历史人物。传说关羽曾经管理过兵马站，那时就显露出善于算数的才能。据说他还发明了日清簿用以记账。历史上的关羽重义气，经营管理重信用，因此为商家所信奉崇拜，被百姓看成是招财进宝的财神爷。

《历代神仙通鉴》里记载了关于关羽的传说故事，其中有一段是关于关公前世的经历。据说关羽前世本是一条龙，叫“解梁老龙”。东汉桓帝年间，河东地区连年大旱，老龙记挂百姓，日夜忧心，于是趁着夜色汲取黄河水，在河东地区兴云布雨，此举违反了天命，玉帝大怒，斩杀了老龙，并将其首级扔下人间。解县的一个僧人在溪边偶然发现了龙头，就把龙头放到了自己家的水缸内，并诵经九日超度老龙，后来隐约听到缸里有声音，打开一看，里面已经空无一物了。就在这时，小溪东边的解梁平村关毅家里一个婴儿降生了，就是关羽。其后关羽击杀恶霸，流浪江湖，同刘备、张飞“桃园结义”，匡扶天下。他一生忠勇，情义坚贞，不为财帛所动，成为儒释道共同崇信的对象。

过去的生意人家过年放假，开门营业的时间选在正月初五，一定要接过财神之后才开始营业，叫作开头盘。生意人很信奉关公，所以开头盘这一天，要放鞭炮、烧金纸，给关公上供，求他保佑自家这一年的财运。民间崇拜关公的原因，最重要的是因为他的忠义与诚信。以关公为财神，其实也是在警示人们：君子之财需要取之有道。

赵公明、关羽、范蠡一直被视为“正财神”。除了他们几个之外，民间还信奉不少“偏财神”。所谓偏财神，是指庙宇中这些神像的位置不在正中，常常偏居一隅，如比较受百姓信奉的“五路财神”“财帛星君”以及“五显财神”等。五路财神是民间年画里比较常见的形象，很得人们的喜爱。所谓五路，指的是东南西北中五个方向，意思是出门有这五个方向的神灵保佑，可以好运不断，财源滚滚。“财帛星君”是一位老者形象，锦衣玉带，长须飘飘，一手捧金元宝，一手执卷轴，上写“招财进宝”，十分和蔼可亲，也被人叫作“增福财神”。传说财帛星君就是太白金星，专司天下财帛之事。因此求财之人，往往对其礼敬有加，有些人家竟至于日夜上香，以求心愿得偿。日常生活中，这个财神常常与“福”“禄”“寿”“喜”各神的画像合在一起，悬挂于正厅，成为百姓生活最高理想的代表。五显财神是江西德兴等地信奉的财神。因为当

〔明〕《关羽擒将图》轴，故宫博物院藏

民国年画《刘海戏蟾》

地有兄弟五人，生前劫富济贫，死后惩恶扬善，保佑穷苦百姓。这兄弟五人死后的封号中都有“显”字，所以叫“五显财神”。

在众多的中国财神里，还有一位小财神。这位财神虽然不像五路财神与文武财神那样受到人们的供奉，在民间却是大名鼎鼎，他就是传说中戏金蟾的刘海。民间故事里的刘海大多以顽童形象示人，十分讨喜。他发髻蓬乱，手舞足蹈，高持钱串，逗弄着钱串另一端的三足大金蟾，正所谓“刘海戏金蟾，步步钓金钱”。老百姓相信，刘海逗弄的金蟾是个神物，能够源源不断地吐出金钱，布施人间。刘海走到哪里，钱就撒到哪里，救济了很多穷人。人们因此敬爱他，为他修建庙宇，塑造神像，还用戏剧歌谣的形式传唱他的故事。直到今天，人们仍然喜欢将《刘海戏蟾》的故事以剪纸、绘画或工艺品的形式呈现出来，放在家中，大有祈财求吉之意。

财神祭祀最重要的时间是春节。祭拜财神是除夕夜民俗活动的重要组成部分，大江南北无不按时奉祀，只是方法各异。北方地区流行春节请财神。过去，穷人家的孩子在除夕前几天会去走街串巷卖财神像，一边还要高声吆喝着：“送财神了！送财神了！”人们买财神像不能说买，而要说请。财神像一般用红纸印成，非常粗糙，上面是线描神像，神像旁有“添丁进财”“平安吉祥”等吉利话。请来的财神像挂在中堂，除夕当晚，人们会举行仪式，燃香，摆供，行礼祝祷曰：“香红灯明，尊神驾临。体察苦难，赐福万姓。穷魔远离，财运亨通。日积月累，金满门庭。”清代民间流行的歌谣里唱道：“新正初二，大祭财神，点上香烛把酒斟，供上了公鸡猪头活鲤鱼，一家老幼行礼毕，鞭炮一响惊天地。”整个仪式非常隆重。在南方，人们特别讲究祭祀财神的供品，供品有三桌：一桌是果品，其中必有广橘，表示生意广阔；二桌是糕点，定有年糕，以示生活年年高，还在糕上插冬青枝，表示松柏常青；三桌是正席，摆放猪头以及整只整条的鸡鸭鱼等，分别包含招财进宝、连年有余的心愿。

民间传说里有这样的说法：只有富裕人家供奉的财神才会显灵。所以有钱人家中常年供奉着财神。这个说法来自“财神休妻”的传说。最早的时候，在财神庙里，财神爷的旁边是有一位美丽善良的财神娘娘陪伴着的，但是后来她却被财神爷休掉了。那财神为何要休妻呢？据说有一个叫化子讨饭路过一座庙，其他神仙都不拜，单单只拜财神爷。财神爷见叫花子连根香烛都没有就来求财，心里不高兴：“天下那么多乞丐，我怎么接济得过来！”但是叫花子心中却想，富人吃穿不愁，要钱何用？财神当然应该救济穷人。于是便不停地叩拜祈求。善良的财神娘娘很可怜他，她推醒了正在打盹儿的财神，劝他给这个乞丐一点施舍。但财神爷不理不睬。财神娘娘无奈，把自己的耳环给了穷乞丐。乞丐看到神龛上突然出现的金耳环，以为是财神所赐，连忙磕头叩谢。财神爷这才发现财神娘娘竟然把两人当年的定情物送给了乞丐，大发雷霆，将财神娘娘赶下神龛。从那以后，这世上就再没有一个穷苦人因为拜财神而发财了。

与人一样，财神也有生日，传说他的生日在正月初五。旧时，在财神生日到来的前一天晚上，各家都会置办酒席，为财神贺辰。正月初五的午夜时分，人们会打开门窗，点燃香烛，鸣放鞭炮，欢迎财神进门，叫作接财神，希望财神爷带来金银财帛，自己可以在新的一年里富贵吉祥。接罢财神，还要吃路头酒，可以一直吃到天亮时分。《清嘉录》里有一首竹枝词，细致描绘了苏州一带的人们迎财神的盛况：“五日财源五日求，一年心愿一时酬；提防别处迎神早，隔夜匆匆抱路头。”[①] 所谓“抱路头”即为“迎财神”之意。竹枝词中表现的是商家抢迎财神的情景，大有不把财神迎到自家不罢休的态势，其希望发家致富的竞争心态昭然若揭。

（二）送穷神

凡事都有个对应关系，有财神就有穷神。人们盼望福如东海，喜事盈门，发财致富，常交好运，远离贫穷，风和气顺。因此，每年春节，我国民间迎财神就对应着一个习俗，即送穷神。一迎一送，有破有立，只是送穷神的仪式要简单一些，也不像迎财神那样妇孺皆知，深入人心。

正月初六的习俗是“送穷”，顾名思义就是要送走穷鬼，但出于忌惮，人们不敢直言穷鬼，而是尊称为“穷神”或“穷子”，这是民间很有特色的一个岁时风俗。这项风俗从唐代就开始流传，到了宋代达到鼎盛。传说当年姜子牙在封神时，姜妻贪心，欲掌管金库，便把心思告诉丈夫，想叫姜子牙把她封为财神。姜子牙心很虔诚，不敢有负天命，又不想伤害妻心，于是唱道：“封神封神，天命天命；上苍赐予，心诚则灵。”唱毕，便写了九九八十一个字，任妻子闭目挑选，还以公心。谁知妻子贪心，摸来摸去硬选了一个与众不同的大卷，满以为夫君有意徇私使然，岂料打开睁眼一看，却是一个大大的“穷”字。姜子牙长吁一口气，对妻说道：“封你为穷神此乃天意也。穷神占不了财，只能管那些没有福气的人。”从此，每到过年，家家户户怕沾上姜妻的晦气，便都在门楣上贴上“福”字，以驱逐穷神。另据宋代《岁时广记》引《文宗备问》：“颛顼高辛时，宫中生一子，不着完衣，宫中号称穷子。其后正月晦死，宫中葬之，相谓曰‘今日送穷子’。”这里的穷神其实是颛顼之子，他长得矮小瘦弱，经常衣衫褴褛，还爱喝稀饭。即便给他新衣服，也会扯破或者烧个洞再穿，所以“宫中号为穷子”。在民间，人们认为这个穷鬼的样貌是这样的：“头戴一

---

① 顾禄：《清嘉录》，上海古籍出版社，1986，第 17 页。

顶愁帽，身披一件破蓑衣，手里拿着一块麻糁，心广却是体瘦，瘦得只落了一张皮，包着一把穷骨头。”送穷的风习在唐代非常盛行，韩愈就写过《送穷文》，文中曰：“(主人)三揖穷神而告之曰：‘闻子行有日矣……我有资送之恩,子等有意于行乎？’”[①]诗人姚合也写过《晦日送穷》诗三首，其一为：“年年到此日，沥酒拜街中。万户千门看，无人不送穷。”[②]从最后两句即可窥见当时十分流行的送穷风俗。

宋代以后，民间送穷之俗仍然盛行。比如明代有词云：“奉劝郎君小娘子,空去送穷神。”[③]关于送穷的日期,有的认为是在“人日”(正月初七)前一天，即正月初六，也有人认为正月二十九乃穷日，在这一天，一定要扫除屋宇的尘土，投于水中，叫作送穷。还有一说是在晦日[④]，即正月的最后一天，据说是因为“穷神”死于正月晦日。

送穷神的日子虽然各地不同，可有一点是相同的，那就是都在正月举行。伴随时代进步，送穷的仪式逐渐简单，不过寄寓其中的心愿没变：摆脱贫困，财源广进。在老北京，送穷这一天，主妇会将整个春节积攒的垃圾一起扔出去，叫送穷鬼，连门上的挂笺甚至也被摘下扔走，谓送穷神。豫西地区正月初五送穷，由家长主持，把自初一堆积的垃圾送往村外，口中要念叨：“穷、穷、穷，你走吧，俺家没钱难打发！”并从麦田中抓几把土，撒到院内，称“迎富贵”。神木、府谷等地方的送五穷仪式也很有意思：初四傍晚，家家户户把窑洞里的土和垃圾打扫起来，先不倒掉，而是放于角落，主妇事先做一个布女人(即穷神)，给这个女人身上缝一个衣兜，衣兜里装上点干粮，然后把她供在放置垃圾的角落，焚烧香纸，磕头祭拜。第二天一大早，主妇再在门前放上一个大炮仗，伴随着噼啪声把垃圾倒掉，然后马上

---

① 韩愈：《韩昌黎集》，商务印书馆，1973。
② 《全唐诗》第498卷第044首，上海古籍出版社，1986。
③ 俞樾：《茶香室丛钞》，中华书局，1995。
④ 晦日指农历每月的最后一天，即大月三十日、小月二十九日。

转身回家。绥德、米脂等地方送穷神，是让老人拉着垃圾在地上大大地划个十字，然后把垃圾倒到一起，上香烧纸，叩头祝祷："穷鬼，穷鬼，速离我去，别来殃我，速殃财主！"很多地方初五之前不倒垃圾，垃圾都堆在拐角。正月初五一早，主妇端着垃圾，到很远的地方倒掉，还要边倒边说："倒掉脏土，送去穷神，福来财来，喜事盈门。"最后放个炮仗，迅速掉头回家，切不可回头看。

《送穷文》中，韩愈提到要为穷神"结柳作车，缚草为船，载糗舆粻，牛系轭下，引帆上墙"①，意为送穷的时候需要给"穷神"准备好车船，还要给他带上干粮，一定要恭恭敬敬地送走他。

送穷，送走的是低劣的生活，迎来的是幸福的期盼。

三、士农工商的立业安身追求

外力虽可期，自强方不息，讲求实际的中国人深谙此理。在农业社会里，农耕是人们安身立命的本分，民谚云："三十六行，种地为上""七十二行，庄稼为强。"人们敬奉土地、龙王等神灵以求风调雨顺；祭祀八蜡祈祷五谷丰登。正所谓"每岁建亥之月，田功告成，则合聚八神而报飨之，谓之八蜡"。现在，八蜡之祭已消逝不闻，但在农村，与农事有关的古老传说中的人物，如伏羲、神农、黄帝、后稷、土地神等依然为人们所信奉敬仰。除农业外，与人类生存休戚相关的技艺同样受人尊崇，常言道"技多不压身"，就是鼓励人们要多学技艺，一技在身，万事不愁，更何况多种技艺复合于一身呢？同样，各行各业都有人们供奉的祖师神明。

（一）祖师保佑诸业顺遂

中国是传统的农业国家，农业神的地位尤其尊贵。其中伏羲氏、

---

① 韩愈：《韩昌黎集》，商务印书馆，1973。

神农氏和黄帝被视作农业祖师。很多地方建三皇庙、三皇祠即是祭此三位。奉三皇为祖师的理由是：传说伏羲画八卦定四方，作网罟教渔猎；神农艺五谷，兴农事，尝百草，辟药圃；轩辕黄帝造农具，定节气，均为发明农事之圣人。三皇中以神农教稼的传说与农事最密切，故其常被单独奉为农业祖师或农事保护神。《白虎通义》曰："古之人民皆食禽兽肉，至于神农，人民众多，禽兽不足，于是神农因天之时，分地之利，制耒耜，教民农作，神而化之，使民宜之，故谓之神农也。"因为神农是农耕的发明者，而农耕离不开牛，所以世传神农是"人身牛首"。传说正月初五是神农氏的生日，所以百姓习惯在初五到二十之间祭祀神农，祈求丰收。还有一些地区的农民奉后稷为祖师。《山海经·大荒西经》云："有西周之国，姬姓，食谷……帝俊生后稷，稷降以百谷。"《孟子·滕文公上》载："后稷教民稼穑，树艺五谷，五谷熟而民人育。"据说后稷死后，其墓地方圆三百里，五谷自生，鸟兽共处，莺歌燕语，百兽率舞，仿佛人间乐园。这种传说充分体现了人们对他的敬仰。

农耕生产之外，也有不少的"非农产业"。从事这些行业的人们同样希望自己生产顺利、兴旺发达，行业神就是为满足人们的这类愿望而存在的。所谓"百工技艺，各祠一神为祖"，行业神俗称"祖师爷"，是我国历史上曾经普遍流行的一种民间信仰。手工业生产往往要求有比较高的技术与技能，专业性很强，因此对行业神也就格外重视。行业神的产生与祖先崇拜、崇德报功、借神自重的思想有密切关系。之所以供奉行业神，不外乎因为手工业者从业艰难，命运多舛，希望通过神灵的力量，避祸迎福，保佑自己和本行业吉利、兴旺并获得成功。每个行业都有各自的祖师爷，每逢先师的生辰、年节之际以及开工之日都要举行祭祀活动。当从业者遇到困难时，向祖师爷乞求，祖师爷便会化身为一个普通人悄然出现，帮助从业者解决困难。所谓行行有神，既有一行多神，也有多行一神的，很有意思。

在工匠祖师爷里，对手工艺人影响最大且家喻户晓的，要数鲁班。

鲁班传说时间最久，地域最广，故事最多，历两千余年而不衰。木、瓦、石匠等土木建筑行大都奉鲁班为祖师爷。

“百业宗师”鲁班，也叫公输般、公输班，是春秋时期的鲁国人，所以人称鲁班。其活动时代恰值春秋战国相交之际，那正是我国从奴隶制向封建制过渡的社会大变革时代。这一时期铁器被广泛使用，生产力有了很大提高，同时，手工业也有了进一步发展。以木工为例，早在西周已有很细的分工：“凡攻木之工七。”这七个木工工种分别是“轮、舆、弓、庐、匠、车、梓”。到了战国时期，木工的用武之地更为广泛，如制作房屋建筑中的门窗、梁架等，制造作战用的战车和交通乘用车辆以及水上交通运输的舟、船等。鲁班出生在工匠世家，从小的耳濡目染和家长的悉心教导，加上长期的生产实践和他本人的聪慧、刻苦，使他精通了古代工匠所必需的各种技能，成为最著名的能工巧匠。《吕氏春秋》载“公输班，天下之巧工也”。公输班一生善于动脑、精于观察、勤于总结，在建筑、机械、发明等方面取得了很大成就。他能建造“宫室台榭”，制作攻城云梯、水战钩强；改进车辆、船舶构造，发明了墨斗、曲尺、凿子、刨子、磨、锯、碾、锁等各种工具，为社会发展做出了积极贡献。

鲁班的传说在唐代已大量出现并流行全国。后人对这位历史人物的传说越传越神，几乎完全神化了，使其由一个心灵手巧的木匠变成一位建筑大师，其工作范围从木工发展为整个建筑业。后人附会到鲁班身上的发明很多，民间关于他的神话故事也很多。如唐代段成式《酉阳杂俎》载：“今人每睹栋宇巧丽，必强谓鲁般（鲁班）奇工也。至两都寺中，亦往往托为鲁般所造，其不稽古如此。”鲁班的传说中最有名的，是家喻户晓的“鲁班爷修赵州桥”。这个传说最早出现在何时已不可知，最初的文字记载在《湖海新闻夷坚续志》中：“赵州城南有石桥一座，乃鲁般所造，极坚固，意谓古今无第二手矣。忽其州有神姓张，骑驴而过桥。张神笑曰：‘此桥石坚而柱壮，如我过能无震乎？’于是登桥，而桥摇动若倾状。鲁般在下以两手托定，而坚壮如故。”据说现在桥下还能看到张神所乘之驴的四足痕迹和鲁班的手痕。赵州桥桥面上有道沟不假，但桥却是在鲁班辞世一千零三十年之后，由隋朝工匠李春领头修建而成，根本与鲁班无关。不过人们感念鲁班善举，无论是否与其有关，都更愿意相信这种说法。再比如鲁班锔塔的故事也在各地流传：北京的白塔寺、太原的双塔、庐山的千佛塔、西安的大雁塔等，据说都有鲁班锔塔的旧事。有些传说中，鲁班不仅聪明，还乐于助人，经常借送蝈蝈笼子或其他小东西，暗示工匠如何设计图样，这类的故事在很多地区都有流传，虽然有许多是后人的附会，但它反映出鲁班的创造发明已在人民心中生根开花，表现出人民对鲁班的热爱和敬仰。

明清以来，全国各地的木石瓦匠大都进行祭祀鲁班的活动，日期不尽相同，有农历五月初七的，有六月十六或二十四的，有七月初七的，还有腊月二十的。香港的泥水、木工、搭棚三个行业的工人在每年农历六月十六过“鲁班节”，放假休息一天。工人们白天去鲁班庙进香，夜晚大开宴席，与神同乐。他们认为喝了祖师的生辰酒，可保佑一年平安。各地建有许多鲁班祀所，称为鲁班庙、鲁班殿、鲁班庵、公输子祠、鲁班仙师祠等，并定期举行“恭庆鲁班”的神会——“鲁班会”及其他祭赛活动。鲁班殿还有个名称叫祖师殿，举凡行会有重要活动，如订立行规、统一工价，乃至收徒拜师，都在此举行。这里还有一项很特别的传统活动，就是派“师傅饭”。所谓“师傅饭”，是用大铁锅煮的白饭，再加上一些粉丝、虾米、眉豆等。相传吃了“师傅饭”的小孩，就能像鲁班那么聪明。直到现在，人们依然习惯将那些能工巧

山东济南鲁班祠

匠称为“活鲁班”或“小鲁班”，建筑业还设有“鲁班奖”，以表彰那些出色的工匠。

缝纫业的祖师为三皇之一的黄帝。黄帝是中国远古时代华夏民族的共主，为五帝之首，被尊为中华“人文初祖”。黄帝，姓姬，居轩辕之丘，故号轩辕氏。他是有熊氏首领少典之子，也称有熊氏。黄帝是第一位统一了华夏各部落的首领，在位期间有许多重要的发明，衣裳便是其中之一。上古时，人们不会缝制衣服，黄帝便教人们用骨针穿麻线缝树叶和兽皮做成衣服，即“黄帝始制冠冕，垂衣裳”[①]。因此，黄帝便成了缝纫业的开山祖师。洛南县缝纫业的从业者往往在黄帝生日，农历九月二十五这天身着盛装聚会，祭祀“轩辕老祖”。有些地方的裁缝特意把自己的尺子叫作“轩辕尺”。《金华地方风俗志》载：“裁缝奉轩辕为祖师，量衣尺称‘轩辕尺’或‘三元尺’，介于市尺和鲁班尺之间。”“三元尺”其实是“轩辕尺”的谐音。

染匠的祖师为“葛仙”或“梅葛二仙”。据《玉匣记》载，梅葛二仙翁是染坊祖师。染坊用染缸，故梅葛还被称为“染布缸神”。梅仙，又叫梅福，西汉道人，曾任南昌尉。葛仙，又叫葛洪，东晋道人、炼丹家、医药学家，字稚川，自号抱朴子，晋丹阳郡句容（今江苏句容县）人，世称小仙翁。著有《抱朴子》《神仙传》等书。传说梅福、葛洪都得道成了神仙，他们成为染匠的祖师来自一个偶然的故事：梅葛二仙化作两个跛脚老汉行乞，一对青年夫妇不嫌弃他俩，为他们提供酒食。为感谢这对年轻夫妇，他俩在酒足饭饱之后手舞足蹈、边跳边唱：“我有一棵草，染衣蓝如宝；穿得花花烂，颜色依然好。”唱毕，梅葛二仙周围瞬间长出了许多小草。青年夫妇听闻草能染衣，便割了很多放在水缸里。过了几日，两位跛脚老汉又来借宿喝酒，还把剩酒和残汤倒入缸里，缸水顿时全变成了蓝色。二仙表明了身份并告诉这对夫

① 应劭著，王利器校注：《风俗通义校注·皇霸卷一》中华书局，1981。

妻："水蓝是蓝靛草变的，染衣可永不变色。"小两口高兴地用它来为乡亲染布。此后，民间便出现了染布业，继而发展到染坊、布店、纸作坊、年画作坊等。为感谢梅葛二仙，染匠们便在农历四月十四、九月初九，即二仙的诞辰这两天举行盛大的祭典活动，来感谢他们的恩典。一些染坊、年画作坊集中的地区，如河南朱仙镇，四川绵竹、夹江等地都建有梅葛二仙庙。四月十四和九月初九这两天，染匠聚集在祠堂或梅葛二仙庙举行祭祀活动，焚纸马像，饮梅葛酒，虔诚祝愿行业兴旺，万事平安。

酒业供奉的祖师神一般是杜康，过去的酒作坊都供有他的画像。《说文解字》记载："古者少康初作箕帚、秫酒。少康，杜康也。"杜康的来历说法不同，一说杜康也叫少康，是夏朝第五位君王。《史记·夏本纪》中说夏朝帝相（第四位君王）因政变被杀，他的妻子后缗氏当时已怀有身孕，逃回了娘家，生下儿子，取名少康。少康年幼时以放牧为生，经常将饭食挂于树上，有时会忘了吃。过了一段时间，少康偶然发现树上的剩饭虽然变了味，但产生的汁水却十分甘美，经过反复思索钻研，他发现了自然发酵的秘密，于是开始效仿，不断改进后，终于形成了一套酿酒工艺，他也因此成为酿酒业的开山鼻祖。可是，陕西省民间的说法与此相异。清代《白水县志》说："杜康，字仲宁，相传为县之康家卫人，善造酒。"当地有条杜康沟，其中的泉水"隐隐喷出，至冬不竭，流四里许入白石河，乡民谓此水至今有酒味"。当地人相信杜康就是用了这些水才造出的酒。当地有碑文曰："白之酒独医病，故饮之终日，而无沉湎之患；服之终身而得气血之和。邻里百里许，多沽酒于白。先泽之遗，本地独得其身，至今遗址槽沿存，此其明验也。"直至今天，当地人依然取该泉之水，按照杜康遗方酿酒，取名"杜康酒"。杜康酒是陕西的历史名酒。武功县各酒坊，都在农历九月二十七这一天祭祀杜康。

酒业祖师很多，仪狄也是传说中著名的造酒始祖。《吕氏春秋·览部》里说："大桡作甲子……夷羿作弓，祝融作市，仪狄作酒……巫咸作筵。此二十官者，圣人之所以治天下也。”而《战国策·魏二》里记载得更详细：“昔者，帝女令仪狄作酒而美，进之禹。禹饮而甘之，遂疏仪狄，绝旨酒。曰：‘后世必有以酒亡其国者。’”仪狄造酒的说法在士大夫中得到普遍认同。北魏崔鸿在《十六国春秋·前秦录·赵整》里说：“秘书侍郎整以（苻）坚颇好酒，因为《酒德》之歌，乃歌曰：‘地列酒泉，天垂酒地。杜康妙识，仪狄先知。纣丧殷邦，桀倾夏国。有此言之，前危后则。’”宋代吴淑在《酒赋》里也说：“若夫仪狄初制，少康造始。”他们都认为仪狄不但是酒的发明者，而且在时间上更早于杜康。晋代文人江统在《酒诰》中说：“酒之所兴，肇自上皇。或云仪狄，一曰杜康。有饭不尽，委余空桑。郁积成味，久蓄气芳。本出于此，不由奇方。”他的说法较公允。

此外，酒业供奉的神还有刘白堕，他常与杜康合称“刘杜缸神”。据说刘白堕所酿之酒即便盛暑时放在太阳下暴晒也不怕，而且“经一旬，其酒味不动”“饮之香美而醉，经月不醒”，所以京师贵胄常携带此酒作为馈赠佳品。相传有人携酒上任，半路遇劫，强盗们抢劫毕，喝了他的酒，一饮即醉，最后全部被擒，于是这酒有了“擒奸酒”的美名。那时的游侠中还流传着“不畏张弓拔刀，唯畏白堕春醪”的说法。故事虽然夸张，却生动地道出了刘白堕高超的酿酒技艺。

铁匠的祖师爷是太上老君。据说因为祖师爷的地位高，所以铁匠在诸多匠人中地位也比较尊贵，民间喜宴上如有铁匠，会被让于上座就座。太上老君一说即老子，名耳，字伯阳，又字聃，春秋时楚国苦县人，亦称老君、老聃等。因为老子生于农历二月十五，每到这天，工匠们都会隆重祭拜他。传说神农架那里有座绿树荫盖的大山，是当年太上老君采药炼丹之处。一天，老君向神农氏求教如何能炼出仙丹，神农氏却说，老百姓现在耕种五谷都是用木犁、石刀，实在费劲，你不要炼仙丹了，还不如炼铁来造农具呢！老君听后，接受了神农氏的建议，开始炼铁造农具。他打造出了铁锨、犁头、镢头这些农具，因而也就成了铁匠的始祖。老百姓感激他，就将其采药、炼铁的地方称为“老君山”。后世的铁匠、煤窑匠、碗筷匠、磨刀匠、蹄铁匠等，皆奉老子作为自己的祖师爷。民间说法中，老子小名“吹儿”，工匠行当忌讳吹哨子，因为这样做是犯了祖师名讳。

纸坊旧时多奉东汉时期的宦官蔡伦为自己的祖师。蔡伦是桂阳人（今湖南省耒阳县），他以树皮、破布以及旧渔网为原料，制造出物美价廉的纸张，这种纸张人称“蔡侯纸”。他对改革和推广造纸术有很大贡献，被后世推为造纸术的发明者。传说蔡伦后来成了仙，经常云游凡间，传授造纸术。

古代造纸，用纸帘子舀纸浆，沓在纸榨上，榨干水后，只要用扇子一扇，纸便一张一张分开，不需要用手去剥，非常省事。一日，蔡伦外出，行前招呼徒弟：“好生在纸坊造纸。”开始徒弟还听话，久后就淡忘了，常常溜出作坊去寻欢作乐，耽误了造纸。蔡伦回坊后，非常恼火，便当即脱口说出“扇子掀不开纸”。从那时起，纸砣子下榨后，要想分成张数，就要用手一张一张去剥开。据说蔡伦归天之前，徒弟们追上去，跪地求教吹笛纸的技艺。蔡伦说：“我已经将此纸藏入竹内，尔等要学，可去竹筒里找取！”说完便升天去了。徒弟们砍下竹来，劈开一看，果然发现每节竹筒里都有一层又白又薄的纸，纸间还印有纸帘子上的花纹。这就是当今人们称道的“竹膜纸”。用竹膜纸吹笛，比什么纸都好。

造纸师傅们还在纸坊内张贴蔡伦祖师神位，每月初一、十五供奉。每年农历六月十二，还要为蔡伦的生日举办祭奠仪式。以上习俗，在湖南耒阳乡间纸坊，至今还有个别造纸老师傅循规蹈矩地遵从。

蔡伦的封地在陕西省洋县城东十公里处的龙亭铺，这里有蔡伦墓和纪念蔡伦的祠堂。相传蔡伦在这里向百姓们传授造纸技术。过去，这里的造纸匠们，每年都在三月十七到蔡伦墓及祠堂进行祭祀。凤翔县过去有一条家家户户都造纸的纸坊街，在三月十七这天，造纸匠们聚集在一起举办“蔡伦会”，在蔡伦塑像前虔诚地跪拜，祈求祖师爷保佑他们造出好纸来。

陶瓷业所奉的保护神相当多，有百灵、虞舜、老子、雷公、童宾等，因烧制陶瓷用窑，故陶瓷业所奉之神又多称窑神。北宋已有百灵为窑神的传说。陕西黄堡窑《德应侯碑》记载："殿之梁间板记且古，载：'柏翁者，晋永和中有寿人耳，名林，而其字不传也。'游览至此，酷爱风土变态之异，乃与时人传口甄陶之术，由是匠士得法，愈精于前矣。民到今为立祠堂。在口侯之庙中，永报府功，不亦宜乎！"[①]这是最早的有关百灵（柏林）的记录。正是由于百灵毫无保留地把自己的制瓷技术传给了黄堡的窑工，才推动了这里制瓷业的发展。窑工们感激他，在当地为他修建起祠堂，并把他与当地山神并列为窑神。在铜川市陈炉镇，人们敬奉虞舜、老子、雷公为窑神。虞舜被尊为窑神其实是于史有征的，《史记》记载："舜，冀州之人也。舜耕历山，渔雷泽，陶河滨，作什器于寿丘，就时于负夏。"[②]虽然考古资料证实，中国陶器的出现时间远远早于舜的时代，但虞舜制陶的传说一直对人们影响颇深。一些出土的宋代龙泉窑青釉碗内，就印着"河滨遗范"几个字，意为龙泉瓷业是得到虞舜真传的。至于老子被奉为窑神的原因可能与其炼丹的经历有关。炼丹和烧窑都离不开神奇的火炉，两者有一定的相关性，将老子定为守护神也比较说得通。至于雷公，那是因为传说中他发明了碗。陈炉镇窑神庙中，虞舜在中间，老子在左，司火、雷公在右。铜川有一些关于窑神的民间趣事，说雷公发明碗的时候，总是找不到合适的原料，就偷偷到别的村子偷坩子土。所以瓷窑界里不许说"偷"或"贼"。一旦发现有偷瓷器的，还不能当场捉拿，必须等贼溜出大门才能追赶，否则，就是揭雷公伤疤，是极其不敬的。还有的故事里说虞舜小名叫"兀"，因此瓷窑里忌说"兀"字，不许有"兀不是"（那不是）、"兀答"（那儿）等表达。最为有趣的是，陈炉镇窑

① 耀州太守阎公奏封德应侯之碑，现存陕西西安碑林。
② 司马迁：《史记》，中华书局，1982，第 32 页。

工们总是担心窑神可能离开，于是就用粗粗的铁链把三位窑神拴在神坛上。众多窑神中，最受人尊敬也最为悲壮的是那些以身殉窑因之成神者。他们用自己的血肉之躯，完成了瓷器烧造过程中最为困难的阶段，让其他窑工兄弟得以摆脱困厄。童宾即为投窑神。唐英曾经撰有《火神传》一文，述之甚详："神姓童，名宾，字定新，饶之浮梁县人。性刚直，幼业儒，父母早丧，遂就艺。浮地利陶，自唐宋及前明，其役日益盛。万历间，内监潘相奉御董造，派役于民。童氏应报火，族人惧不敢往，神毅然执役。时造大器，累不完工，或受鞭箠，或苦饥羸。神恻然伤之，愿以骨作薪，匄器之成，遽跃入火。翌日启窑，果得完器，自是器无弗成者。家人收其余骸，葬凤凰山。相感其诚，立祠祀之，盖距今百数十年矣。"自此，童宾被窑工们尊奉为祖师，陶工的行会组织也因而称为童庆社。供奉童宾的神庙称为"佑陶灵祠"，俗称"风火仙祠"。

窑神崇拜是一种行业内的公众活动，窑神庙常常就是窑工、窑主们的聚会之所。每年的窑神祭祀既可以让同行业者叙情、议事，也可以调解各窑之间、窑工与雇主间的纠纷，在敦睦同行、调节与其他行业间关系等方面发挥了重要作用。

簟匠（也就是篾匠）崇拜泰山。传说泰山是鲁班的徒弟，鲁班在木匠行业名满天下，前来学艺者络绎不绝，学艺的队伍中有一个叫泰山的年轻人。俗话说："名师出高徒。"不少徒弟在鲁班这里经过三年的学习，便可出师自立，功成名就，而令鲁班大伤脑筋的是，这个泰山学了三年，却什么也没有学到，不能独当一面，自立谋生。更令鲁班生气的是，这个泰山还不用心听讲，鲁班传艺时，泰山常常心不在焉。为了不败坏自己的名声，鲁班一气之下，将泰山赶出了山门，并宣布与泰山断绝师徒关系。若干年之后，鲁班领着一批徒弟下山逛集市，在一条街上被精美的竹制品吸引了眼球，看着活灵活现的竹制鸡、猪、牛等工艺品和桌、椅、床等用具，鲁班拍手叫好，感叹世上竟有如此篾匠高手，于是请求店家带他去拜访这位篾匠大师。鲁班一行穿堂入室，来到了篾匠师傅的会客厅，一见面，鲁班师傅惊呆了，这位篾匠大师不是别人，正是当年被他赶出山门的泰山。泰山见师父前来，也不计前嫌，上前道一声“恩师”，跪下便拜。久别重逢的师徒二人品茗叙旧，感叹人生。鲁班从叙谈中得知，泰山本是篾匠，且技艺不凡，在当地小有名气，对竹器加工也情有独钟，并将它作为终身追求的事业。可谁知父母听说鲁班手艺好，木匠赚钱比篾匠多，非要逼着泰山改行去学木匠。父命难违，泰山无奈，只有告别了心爱的篾匠工作，拜在了鲁班门下。但是，他的兴趣仍然在制作竹制品上，对木匠活毫无兴趣，听着木匠的课，想着篾匠的活儿，因此，技艺难以长进，便有了被鲁师父赶出山门的悲剧。离开鲁师父后，泰山并没有气馁，重操旧业，并不断学习创新，便有了这制作竹制品的好创意、好产品。鲁班听完泰山的一番叙述，百感交集，并深深地自责，发出了一声感叹：“我真是有眼不识泰山啊！”

理发业所奉的祖师有罗祖、陈七子、吕洞宾、卢天赐、关公、黄帝等，其中最为常见的是罗祖。罗祖本称罗真人，是最著名的理发业祖师爷。理发业的行业经典著作《净发须知》，对理发业奉罗真人为祖师以及有关传说有较详细的记载。民间传说：过去有个皇帝让大臣给他梳头。每次大臣打开发髻，刚放上梳子，皇帝就晕厥过去，醒来后一怒之下便杀了梳头的大臣，接连三天，每天杀掉一个。第四天轮到一个姓罗的状元给皇帝梳头，他又是担心又是害怕。这天夜里，罗状元做了一个梦，梦中一位道士对他说，皇帝之所以晕厥，是因为头上长了个肉瘤，梳齿一碰就会疼晕过去，所以梳头时要用篦子把头发分开，碰不到肉瘤就没事了。罗状元按道士所说，效果真的很好，皇帝舒服得睡着了。罗状元见状，还当皇帝又晕了，就逃走了。皇帝醒后夸罗状元梳头手艺高超，命人找到隐名埋姓的罗状元，这时罗状元已经出家做了道士，并且不想还俗做官。于是皇帝就让陈七子、武里川两人跟他学艺。那之后世上就有了专门的梳头匠，罗状元就是梳头匠的祖师爷，尊称罗祖。传说理发用的梳子、剪刀等都是罗祖发明的。当然这只是诸多关于罗祖传说中的一个，不同的地方还有许多不同的说法，供奉的神也各有不同。陈七子是罗祖的弟子，也是人们供奉的祖师之一。南方理发业多奉吕洞宾为祖师。南京剃头业多供奉关公，此外，还有记载说早在四千多年前，黄帝就发明了剃刀、镊子、镜子等理发用具。

梨园也有自己的行业保护神。梨园神很多，有的以田苟留、田洪义、田智彪三兄弟为保护神，近代则比较流行以唐玄宗为梨园神。唐玄宗精通音律，曾经大兴梨园，广选子弟宫女于梨园习歌练舞，还不时亲加教正。演戏的艺人需要有一副好嗓子，所以还祭祀亮嗓之神清音童子。过去各地均设梨园庙，每逢节日戏曲艺人都前往祭拜。

屠夫拜张飞为祖师爷，《三国演义》里说他曾在河北省涿州卖酒屠猪。江西一带从事内河运输的拜萧公为祖师爷，他本来是南宋咸淳年间江西临江府人，刚正自持，死后被乡人奉为神，元代立庙塑像，明代永乐年间被封为"水府灵通广济显应英佑侯"。浙江省兰江上游的船工拜周尚公为祖师爷。周尚公是个孝子，在他急着搭船去探望患病的母亲的中途，被告知母亲故去，乃立于船头而死。周尚公的孝心感动了船工，被尊为神，永享香火。四川省的船工则拜"镇江王爷"为祖师爷。此外，行医的拜华佗和孙思邈，看风水的拜"杨仙"（即江西形势派堪舆术的创始人杨筠松），命相家拜的是鬼谷子，窃贼拜的是时迁，饼师拜的竟是贵为天子的汉宣帝（传说他曾卖过饼）。正所谓三百六十行，行行有神佑。

（二）文昌魁星保佑读书有成

尊师重道、崇尚知识，在中国素有传统。古人信奉"万般皆下品，唯有读书高"，受官本位思想左右，"学成文武艺，货与帝王家"是历代文人理想的入世之路，并有许多人经由此路走向"庙堂"，读书人做官可以说是一个终生的理想。这种"学艺""货艺"的说法，充分说明读书做官与工匠、艺人等学艺、卖艺没有什么本质上的区别，都是安身立命的一种追求。

读书人也有可供自己信仰供奉的神明，即文昌帝君、魁星。文昌帝君在中国古代神系中具有相当高的地位。《历代神仙通鉴》中说他“上主三十三天仙籍，中主人间寿夭祸福，下主十八地狱轮回”。民间相传其为主文章、科举之神，故受到民众、文人士子的广泛奉祀。旧时，凡是与纸张文字有关的行业，如刊刻、印字、书籍、裱画等，皆供奉文昌为行业神。

两宋以来，各地读书人祀祷神灵保佑功名利禄，蔚然成风，这与朝廷通过科举取士的制度密切相关。故宋代蔡绦《铁围山丛谈》卷四云：“长安西去蜀道有梓橦神祠者，素号异甚。士大夫过之，得风雨送，必至宰相；进士过之，得风雨则必殿魁。自古传无一失者。”《梦粱录》记载：“梓潼帝君庙，在吴山承天观，此蜀中神，专掌注禄籍，凡四方士子求名赴选者悉祷之。”

元代《清河内传》谓文昌君生于周初，到元代时已经历经七十三世。据说西晋末降生蜀地，名为张亚子，玉皇大帝命他掌文昌星神之府并主人间禄籍，司文人之命。元朝仁宗延祐三年（1316 年），文昌君被封为“辅元开化文昌司禄宏仁帝君”，相关信仰广泛传播，各地郡县都有祠庙祀之。明代时更是“天下学宫皆立文昌祠”。清代，在文昌帝君的诞辰日（农历二月三日），朝廷会派官员到文昌庙隆重祭祀。

〔明〕牙雕《魁星》
故宫博物院藏

过去，很多地方都建有文昌庙，仅北京就有七座文昌宫。玉皇阁、天后宫内也有文昌星的塑像。文昌的神座旁边有“录马神”附从，民间说“录马得得跑，官位步步升”。此外，文昌星的塑像或画像两侧，常常伴有两位童子，一个瞪眼吐眉，一个张口结舌，名叫“天聋”“地哑”。一个掌管文人禄运簿册，一个手持文昌大印。由于文昌帝君掌管文章科举，关系富贵贫贱，保密问题很重要，因此，两名童子均身有残疾：知者不能言，言者不能知。防止侍童向凡人泄漏天机。

文昌庙

中国人素喜面面俱到，讲究礼多神不怪，宁多勿缺。在文昌宫里，同时供奉的还有魁星。在古代读书人眼里，魁星主科举文事，地位仅次于文昌，世人同样奉之甚虔。相传，魁星是北斗七星的第一星，是文昌帝君的随从。魁有首意，故科举之高第称魁。凡古代文人高中状元后，到皇宫迎榜，皇宫台阶上雕有龙和鳌，进士们站在台阶下迎榜，状元则站在鳌头上，表示“一举夺魁”“独占鳌头”。每年开科，试院外挤满售卖泥塑小魁星的小贩，考生争相购买，带入考场，放置左右，希望得到魁星的关照而高中。

木雕《独占鳌头》

古时，由于不发达的生产力、落后的生产技术以及动荡不安的社会环境，无论哪个行业的从业者都难免遇到工作上的困难和经济上的问题，时时感到命运的难以捉摸。于是他们赋予自己信奉的行业神以超人的神力、超凡的德行和神秘的色彩，希望从神灵那里得到具体的帮助和佑护。行业神崇拜、祖师敬奉作为百姓祈求行业兴旺、人员平安的吉祥追求，反映了古代各行各业渴求安全从业、家道兴旺、官运亨通等诸多美好的愿望，也表明了从业者不忘祖师创业之功，报本返始之义。

四、福泰安康，人生喜乐

福禄喜寿祥瑞，构成了中华民族的祈福六字真言，成为传承千年的福文化。古代人靠天吃饭，风调雨顺才能五谷丰登，才能生存下去，所以特别重视祈福。直至现在，幸福美满依然是所有人的追求，有专门的幸福指数统计用于反映百姓是否安居乐业。可以说，幸福既是个人的追求，也是国家的使命，古今相同。

应该说，“福”之中包含了俗世生活的一切美好事物。中国人所谓的“吉祥”，其实就是有福而无灾，所以，吉祥即可以释为福。恰如《字林》所云：“祯祥也，福也。”因此“福”是吉祥文化中一个至关重要的概念。

古人曾将福的重要内容归纳为五个方面，叫五福。因所处时代不同，五福内容略有不同。《尚书·洪范》里提到五福，认为应该是“一曰寿，二曰富，三曰康宁，四曰攸好德，五曰考终命”。桓谭在《新论》中说“寿、富、贵、安乐、子孙众多”为五福。后世人们更多相信“福、禄、寿、财、喜”为五福的说法。具体到百姓的日常生活中，福的内容更是丰富多彩，不胜枚举。

和寿星一样，福神崇拜也是源于古代的星宿崇拜。最初的福神就是指一个特定的星星，叫“福星”。当时人们以木星为福星，认为其可以降福于人，又称岁星，至今民间还习惯说“福星高照”这样的祝福语。人们虔诚礼拜，希望福降家门，福运绵长，于是专门的福神应运而生。福神经历了从自然神到人物神的转化过程。福神到底是什么人呢？一种说法认为福神是天官，另一种说法则认为福神是阳城。

道教认为上元为天官赐福之辰，中元为地官赦罪之时，下元为解厄之际。根据这种说法，天官就是赐予人福运的，地官的职责是宽恕人们的罪恶，水官则负责消解灾难。人们把天官的生日定为正月十五，在欢乐的节日气氛中，赐福的天官飘落凡尘，不再是高坐庙堂的威严神灵，而是歆享人间供奉的和颜悦色的福星。每一个年节，每一场红白喜事，都是福星登场的时刻，给信众带来好运与福气。

还有说福神为唐道州刺史阳城，因其有抵制进贡侏儒的善政，遂被尊为福神。阳城，字亢宗，祖籍定州北平（今河北完县），徙居陕州夏县（今属山西），精通经史，擅长诗文，好学乐施，以忠义卓行著称。据《新唐书·阳城传》记载，阳城乃唐德宗时进士，原官职是谏议大夫,为人耿直。因弹劾权奸被降职为道州刺史。中唐德宗时期，阳城到湖南道州（今湖南道县）出任刺史，任职期间，励精图治，关心民情，并且为道州百姓罢黜了一项进贡侏儒的恶俗。

封建社会，每年都要照例进贡土特产给皇帝，称为任土贡。道州的贡品与众不同，传言道州出产侏儒，从隋到唐朝，道州每年都把一些身材矮小的人作为土特产送到宫中做太监。事实上，道州并没有那么多侏儒，但是历任刺史为了逢迎皇帝，把身体健康的儿童放在陶罐里，只露出头部，由专人供给饮食，用这种残酷手段人为地制造畸形的侏儒进贡朝廷，满足皇帝荒唐的需求。阳城任道州刺史之后，看到儿童受到摧残，父母因失去孩子伤心难过，于是取消向朝廷进贡侏儒的惯例，拒绝上贡。皇帝派人来要，阳城给当朝的皇帝冒死上书，他说，首先，历代典章制度没有规定下属必须上贡矮奴。此外，即便道州有身材矮小的人，他们也只是矮民，而不是矮奴。也许是阳城义正词严的一番申述让当时的皇帝良心发现，抑或是皇帝畏惧朝野的反对声浪，进贡矮奴的事也就不了了之。后来唐代诗人白居易把这个真实的故事写进《道州民》诗中,即“道州水土所生者,只有矮民无矮奴”。阳城让道州百姓家庭团圆，重获家庭幸福，老百姓建庙供奉以感激这位体恤民情的父母官，并敬奉他为福神，阳城庙也被称作福神庙。天上的星官帮百姓消除天灾，人间的好官帮百姓免去人祸。唐朝以后，人们渐渐将人间的好官阳城与天上福星合二为一，清官身份的福星就这样诞生了。

喜神也是吉祥之神，因主管民间喜庆事宜，深受人们喜爱。《菜根谭》说“疾风怒雨，禽鸟戚戚；霁日光风，草木欣欣。可见天地不可一日无和气，人心不可一日无喜神”。所谓“喜神”，是指带给人们吉利、祥和、欢喜的神灵。据说喜神原来是虔诚膜拜北斗星神的一位女子，当她修道成仙时，北斗星君问她有什么要求，女子用手抿口，笑而不答。北斗星君误以为她想要胡须，于是就赐了她长长的胡须（也有传说喜神有长须，是因为不想让凡人看到她的形象），并以其发笑呈喜之相而封为喜神。还有一种说法，《封神榜》中姜子牙所封的天喜星是殷纣王。这殷纣王在世时就是个无道的昏君，只爱听奉承的话，批评的话不但不听，还要砍批评者的头。殷纣王被封为喜神后，只知游乐四方，居无定所，经常变换方位。但是，只要掌握其规律，还是可以找到的。殷纣王不讲什么原则，只要你面带笑容，说好话，赞颂他，求助于他，他定会降福送喜于你。喜神最大的特点是没有具体的形象，也没有专门的庙宇，喜神究竟长得什么模样，谁也没有见过。虽然喜神的形象似乎没有人说得清，但可以肯定的是，喜神是百姓心中一种真实的存在，是人们追求喜乐、向往美好生活的见证。

民间有在新春迎接喜神的习惯。赵慎畛在《榆巢杂识》中有“喜神图”一条，其文云：“过萱草书堂，见喜神图一幅，为朱勤恪皂保所作。题云：‘凡人居心行事，不可一日无喜神护持。’谅哉！人未有宅心不厚而能吉祥止止者也。”[①]民间百姓相信，每逢新春，喜神就会从天而降。所以正月初一家家户户设香案，摆供品行礼祭拜，还需要按照其降临方位迎接他。接到喜神，预示这家人在未来一年里能够心想事成。

“久旱逢甘雨，他乡遇故知，洞房花烛夜，金榜题名时。”此乃人生四大喜事，尤其是结婚，更可称是人生大喜。办喜事，没有喜神主宰是不行的。因此，古时每逢婚嫁，都要按照特定的方位迎接喜神。喜神方位是按干支和八卦由专人推算出来的。婚礼这天，新娘上轿

① 赵慎畛：《榆巢杂识》，中华书局，2001，第 149 页。

后，要根据喜神的方位时间停留一会，叫作“迎喜神”，然后才能出发。新娘上下轿时，花轿的轿口要对准喜神所在方位。

喜神方

“游喜神方”是老成都人的一种民俗，已有近两百年的历史。“喜神方”，就是喜神所在之处。旧时，每逢新春佳节，成都人都要扶老携幼，邀约亲友，出南门，迎财神，游喜神，踏访武侯祠，拜谒“桃园结义”的刘、关、张三兄弟和诸葛亮，祈求一年的平安吉祥。

此外，很多地方旧时还有正月初一“迎喜神”的风俗。具体做法为：找准喜神方位，在特定的时辰焚香、鸣炮，赶着猪羊等出迎。这颇有上古时候的牲牢飨神之风。

和合二仙也是中国民间深受老百姓爱戴的喜神，负责掌管和平与喜乐。常见的和合二仙图中有两位长发披肩、活泼可爱的儿童，一位手捧圆盒，一位手持荷花，盒中飞出五只蝙蝠。他们笑容满面，相亲相爱，十分惹人喜爱。图中的每一件物品都有寓意。盒子象征“好合”，荷花象征“和谐”，寓意“和（荷）谐合（盒）好”。五只蝙蝠，意为五福，象征五福临门。在传统的婚礼喜庆仪式上，常常挂有和合二仙的画轴，以此来预祝新婚夫妻永结同心，白头偕老，永远像和合二仙一样相亲相爱，和谐美满。以前也有人家将和合二仙图挂在中堂，意为和和美美，大吉大利。

有传说和合之神原本是一个人。《西湖游览志馀》有这样的记载：“宋时，杭城以腊月祀万回哥哥，其像蓬头笑面，身着绿衣，左手擎鼓，右手执棒，云是和合之神。祀之可使人在万里外亦能回来，故曰万回。

杨柳青年画《和合二仙》

今其祀绝矣。”因为万回能使一家人团团圆圆，当时祭祀他的老百姓称他为“和合之神”。

也有人认为和合之神是两个和尚。传说寒山、拾得二人居于中国北方的某个村子，两个人亲如弟兄，还喜欢上同一个女孩。寒山年龄稍大，不知道拾得也喜欢这个女孩，等要结婚了才知道。于是寒山离家出走，到江南苏州何山枫桥，削发做了和尚。拾得知道后也没有和女孩结婚，而是手拿荷花去找寒山，寒山见拾得来找，急忙拿一盛斋饭的食盒出去迎接。二人见面非常高兴，手舞足蹈。拾得也削发为僧，二人开山立庙，庙名为寒山寺。现在，寒山寺里还存着一块青山碑，碑上刻着寒山、拾得兄弟两人的形象，一个手拿荷花，一个手持食盒，因此叫“和合二仙”。人们之所以雕刻和合二仙就是取其敬重朋友之意。到清代，雍正皇帝册封其为“和圣”和“合圣”，作为喜神主管人间兄弟友爱、婚姻美满以及家庭和睦。

福神和喜神作为幸运之神，一直受到人们的尊敬和虔诚礼拜。祈福作为中国人生活中一个必不可少的部分，内容丰富多彩，形式五花八门。

新春伊始，为求来年顺心如意，家家要在门上贴“福”字求福。这个字既是文字符号，也是人们心中的福神象征，贴“福”字的举动包含了人们对吉祥的孜孜不倦的追求。人们还将“福”字嵌在各色图案之中，与鲤鱼跳龙门、寿星寿桃、龙凤呈祥、五谷丰登的图案结合，展现了丰富的内容。

贴春联、贴窗花、贴年画祈福也是常用的方法。春联也叫对子、桃符、门对、春贴、对联，语言简洁凝练，格式对仗工整。既有对自然场景的描绘，又有对幸福渴望的表达。窗花和年画则是以概括和夸张的手法把那些美好事物与愿望表现得淋漓尽致，把节日装点得花团锦簇。

剪纸《福》两种

放爆竹也是祈福避祸的一种手段，中国自古就有“开门爆竹”一说。在古代，新的一年开始之际，每家每户开门第一件事就是放鞭炮，在噼噼啪啪的爆竹声里除旧迎新。爆竹创造了喜庆热闹的节日气氛，给人们带来无尽欢愉。

挂灯祈福是新春尤其是元宵佳节的一个重要习俗。传统中的挂灯笼叫“点灯”，是一项隆重的仪式，过去只有富贵人家才有。现在已变成家家户户遵从的传统习俗。挂祈福灯笼时，一边挂一边还要说一些祝福吉祥平安的话语，也有地方八月十五放孔明灯来祈福。孔明灯称为祈福灯、许愿灯或平安灯。相传孔明灯是三国时期诸葛亮发明的，最早为报讯之用，后演变成为许愿祈福。

在四川绵阳安县睢水关太平桥，每年立春后的第五个戊日，都要举行一年一度的“踩桥会”，踩桥弃秽、焚香祈福。傣族的泼水节，是传承千年的祈福习俗，至今仍然有泼不完的吉祥，泼不尽的祝福。

在广东佛山塘肚村，每年的正月十五都要举行“行神”祈福活动。元宵节上午九时，鼓锣开道，令旗高举，醒狮起舞，鞭炮齐鸣，长长

孔明灯

的队伍中，由新婚的男子抬着岑圣王“銮驾”，巡游四坊七寨。传说，明朝崇祯年间，塘肚村一位名叫严学思的读书人赴京考试途中遇狂风暴雨。他在水中捞起一块神牌，上书“岑圣王神位”字样，之后便顺利考取进士。后来，村里立下规约，每年元宵节，抬岑圣王“銮驾”巡游，祈求五谷丰登、万事顺利。“神位”所到之处，家家放爆竹迎接，男男女女笑脸相迎，还要在手上系上红丝带，祈求消灾纳福。

有的地方会在春节时“跳火囤”祈福，取“兴旺如火”的吉意。跳时口中还要念些讨吉利的顺口溜，如“公担金，婆担银，跳入厝，代代福”等。

此外，民间还有一些起名祈福的风俗。为人父母者都希望孩子能够顺利成长，这种心愿在给孩子起名时就表露无遗。如姓毕的取名生富，一生都要富足快乐如意；姓王的名子安，盼望孩子一生幸福平安等。随着社会的发展，一些新的祈福方式不断出现，如签名祈福、网上祈福等。

总之，求吉讳凶、祈福忌祸、趋利避害是人的天性。对中国人而言，“福”已经成为一切美好事物的集合，成为吉祥祈愿的统称。同时，它又是一种具体而现实的存在，是人们在社会生活中经常面对的。健康是福、家和是福、平安是福、长寿是福、得食是福、顺利是福……甚至无事是福，吃亏也是福。应该说，它已经从早期的自然崇拜和神祇信仰，逐渐发展成为驱邪纳祥、祈福禳灾的风俗活动，充满了欢乐喜庆的色彩。求“福”活动既是节日生活的重要组成部分，也贯穿在日常生活的点点滴滴之中，配合着人们向往幸福美好生活的愿景，充分体现了人们对福泰安康的不懈追求以及对吉祥如意的终极渴望。

参考文献

[1] 左丘明 . 国语 [M]. 济南 ：齐鲁书社，2005.

[2] 左丘明 . 左传 [M]. 郭丹等，译注 . 北京 ：中华书局，2012.

[3] 论语 [M]. 张燕婴，译注 . 北京 ：中华书局，2011.

[4] 诗经 [M]. 王秀梅，译注 . 北京 ：中华书局，2006.

[5] 山海经 [M]. 方韬，译注 . 北京 ：中华书局，2009.

[6] 孟子 [M]. 方勇，译注 . 北京 ：中华书局，2015.

[7] 吕氏春秋 [M]. 张双棣等，译注 . 北京 ：中华书局，2007.

[8] 战国策 [M]. 缪文远等，译注 . 北京 ：中华书局，2006.

[9] 司马迁 . 史记 [M]. 北京 ：中华书局，1982.

[10] 刘安 , 等 . 淮南子 [M]. 长沙 ：岳麓书社，2015.

[11] 应劭 . 风俗通义校注 [M]. 王利器，校注 . 北京 ：中华书局，1981.

[12] 董仲舒 . 春秋繁露 [M]. 周桂钿，译注 . 北京 ：中华书局，2011.

[13] 许慎 . 说文解字 [M]. 徐铉，校定 . 北京 ：中华书局，2013.

[14] 班固 . 汉书 [M]. 北京 ：中华书局，2007.

[15] 王充 . 论衡 [M]. 上海 ：上海人民出版社，1974.

[16] 卫宏 . 汉官旧仪附补遗 [M]. 北京 ：中华书局，1985.

[17] 桓谭 . 新辑本桓谭新论 [M]. 北京 ：中华书局，2009.

[18] 刘歆 . 西京杂记 [M]. 葛洪，辑抄 . 北京 ：中华书局，1985.

[19] 陈寿 . 三国志 [M]. 北京 ：中华书局，2011.

[20] 张华 . 博物志 [M]. 张恩富，译 . 重庆 ：重庆出版社，2007.

[21] 葛洪 . 抱朴子 [M]. 上海 ：上海古籍出版社，1990.

[22] 干宝 . 搜神记 [M]. 长沙 ：岳麓书社，2015.

[23] 王嘉 . 拾遗记 [M]. 齐治平，校注 . 北京 ：中华书局，1981.

[24] 范晔 . 后汉书 [M]. 西安 ：太白文艺出版社，2006.

[25] 宗懔 . 荆楚岁时记 [M]. 宋金龙，校注 . 太原 ：山西人民出版社，1987.

[26] 萧统 . 昭明文选 [M]. 于平等，注 . 北京 ：华夏出版社，2000.

[27] 顾野王 . 舆地志辑注 [M]. 顾恒一等，辑注 . 上海 ：上海古籍出版社，2011.

[28] 礼记正义 [M]. 郑玄注，孔颖达疏 . 北京 ：中华书局，1977.

[29] 韩鄂 . 四时纂要选读 [M]. 启愉，选译 . 北京 ：农业出版社，1984.

[30] 戴孚 . 广异记 [M]. 北京 ：中华书局，1992.

[31] 张鷟 . 朝野佥载 [M]. 北京 ：中华书局，1979.

[32] 欧阳询 . 艺文类聚 [M]. 汪绍楹，校 . 北京 ：中华书局，1965.

[33] 姚思廉 . 陈书 [M]. 北京 ：中华书局，1972.

[34] 段成式 . 酉阳杂俎 [M]. 方南生，点校 . 北京 ：中华书局，1981.

[35] 房玄龄，等 . 晋书 [M]. 北京 ：中华书局，1974.

[36] 李百药 . 北齐书 [M]. 北京 ：中华书局，1972.

[37] 李复言 . 续玄怪录 [M]. 上海 ：上海古籍出版社，2012.

[38] 韩愈 . 韩昌黎集 [M]. 北京 ：商务印书馆，1973.

[39] 王仁裕 . 开元天宝遗事 [M]. 北京 ：中华书局，2006.

[40] 欧阳修，宋祁 . 新唐书 [M]. 北京 ：中华书局，1975.

[41] 吴自牧 . 梦粱录 [M]. 杭州 ：浙江人民出版社，1984.

[42] 孟元老 . 东京梦华录 [M]. 郑州 ：中州古籍出版社，2010.

[43] 陆游 . 剑南诗稿校注 [M]. 上海 ：上海古籍出版社，2005.

[44] 范成大 . 范成大诗选 [M]. 北京 ：人民文学出版社，1997.

[45] 李昉 . 太平御览 [M]. 北京 ：中华书局，2011.

[46] 李昉，扈蒙，徐铉等 . 太平广记 [M]. 北京 ：中华书局，2013.

[47] 王钦若 , 等 . 册府元龟 [M]. 北京 ：中华书局，1960.

[48] 姚铉 . 唐文粹 [M]. 上海 ：上海古籍出版社，1994.

[49] 周密 . 武林旧事 [M]. 北京 ：中华书局，2007.

[50] 沈括 . 梦溪笔谈 [M]. 上海 ：上海古籍出版社，1980.

[51] 陈元靓 . 岁时广记 [M]. 上海 ：上海古籍出版社，1993.

[52] 蔡绦 . 铁围山丛谈 [M]. 冯惠民 , 沈锡麟 , 点校 . 北京 ：中华书局，1983.

[53] 元好问 . 元好问全集 [M]. 太原 ：山西古籍出版社，2004.

[54] 脱脱 , 等 . 宋史 [M]. 北京 ：中华书局，1985.

[55] 徐光启 . 农政全书 [M]. 陈焕良 , 罗文华 , 校注 . 长沙 ：岳麓书社，2002.

[56] 朱国祯 . 涌幢小品 [M]. 济南 ：齐鲁书社，1997.

[57] 文林 . 琅琊漫抄 [M]. 北京 ：商务印书馆，1959.

[58] 田汝成 . 西湖游览志馀 [M]. 北京 ：东方出版社，2012.

[59] 刘侗，于奕正 . 帝京景物略 [M]. 上海 ：上海古籍出版社，2001.

[60] 洪应明 . 菜根谭 [M]. 太原 ：北岳文艺出版社，1995.

[61] 赵翼 . 陔余丛考 [M]. 石家庄 ：河北人民出版社，1990.

[62] 倪文蔚 . 荆州万城堤志 [M]. 武汉 ：湖北教育出版社，2002.

[63] 清会典 [M]. 北京 ：中华书局，1991.

[64] 阮葵生 . 阮葵生集 [M]. 西安 ：陕西人民出版社，2009.

[65] 翟灏 . 通俗编 [M]. 北京 ：东方出版社，2012.

[66] 袁枚 . 子不语 [M]. 石家庄 ：河北人民出版社，2000.

[67] 顾禄 . 清嘉录 [M]. 上海 ：上海古籍出版社，1986.

[68] 曹雪芹，高鹗 . 红楼梦 [M]. 北京 ：人民文学出版社，2000.

[69] 潘荣陛，富察敦崇 . 帝京岁时纪胜·燕京岁时记 [M]. 北京 ：北京古籍出版社，1981.

[70] 俞樾 . 茶香室丛钞 [M]. 北京 ：中华书局，1995.

[71] 施鸿保 . 闽杂记 [M]. 福州 ：福建人民出版社，1985.

[72] 李毓秀 . 弟子规 [M]. 郑州 ：中州古籍出版社，2010.

[73] 绘图三教源流搜神大全 [M]. 上海 ：上海古籍出版社，2012.

[74] 唐英 . 唐英全集 [M]. 北京 ：学苑出版社，2008.

[75] 纪昀 . 阅微草堂笔记 [M]. 北京 ：中华书局，2013.

[76] 赵慎畛 . 榆巢杂识 [M]. 徐怀宝，点校 . 北京 ：中华书局，2001.

[77] 李汝珍 . 镜花缘 [M]. 上海 ：上海古籍出版社，2006.

[78] 胡朴安 . 中华全国风俗志 [M]. 长沙 ：岳麓书社，2013.

[79] 李家瑞 . 北平风俗类征 [M]. 北京 ：北京出版社，2010.

[80] 桑麻 . 民俗趣话 [M]. 呼和浩特 ：内蒙古人民出版社，2004.

后　记

接到《中华吉祥文化丛书——民间信仰卷》的编写任务，亲切感油然而生。之所以生此感触，是因为吉祥文化对于我而言，可谓渊源至深。我本科学的是汉语言文学，硕士读的是民俗学，博士研究方向是民间文学；从事过中学语文教学，现今在山东财经大学进行社会工作的专业教学和研究。长期以来，无论工作学习在哪个领域，无论中学或大学的课堂教学，还是各种方向的社会调查，包括专业研究和论文写作，我一直有一种深切的感受：吉祥对于中国人而言，就像水之于鱼，天空之于鸟，空气之于人。作为一种文化现象，吉祥的愿景时时处处融于人们的日常行为和思维模式之中，既是他们追求幸福生活的坐标，又是启发他们自我完善的导引。

作为一种上至朝堂、下至乡野的文化现象，各种吉祥文化信仰就像一粒粒散落的珍珠，闪耀在字里行间、田间地头、灶台炕头……似乎俯拾即是。但若要把它们串起来，而且要串全、串好，又的确不是一件易事。我珍惜日常的点滴发现与不断积累，而接手本书的撰写任务，无疑是给了自己一个绝佳的契机，让我得以从专业的视角系统地审视吉祥文化信仰的方方面面。

“纸上得来终觉浅，绝知此事要躬行。”书成之际，心怀忐忑。其中粗浅疏漏之处，敬请指正。

李然

2018 年 7 月